¡LEVÁNTATE!

Cómo Involucrarse,
Alzar La Voz,
Y Ganar En Un
Mundo En Llamas

Gordon Whitman
Traducido por José M. Vejarano

Para obtener más información sobre cómo solicitar copias adicionales, compras al por mayor y solicitudes de permisos, visite www.StandUpBook.org o envíe un correo electrónico a gordon.whitman@gmail.com.

Traducción del libro: José M. Vejarano

Diseñador de portada del libro: The Book Designers

Foto de la portada del libro: Heather Wilson

Diseño del libro: Kali Browne

CONTENIDO

PRÓLOGO

Empecé a escribir ¡Levántate! antes de la adversa elección de 2016. Quería simplificar lo que aprendí sobre el cambio social tras mi labor como organizador comunitario por más de veinticinco años. Quería explicar cómo marcar una diferencia en un sistema que parece estar en nuestra contra y por qué debes dedicar tu vida al cambio social. Este prólogo explica el motivo por el cual escribí este libro y detalla parte de la experiencia en la que está basado.

Abrir Nuestros Corazones

Lo más probable es que no nos conozcamos. No sé cómo has decidido vivir tu vida, no conozco tus anhelos ni tus sueños, o el sufrimiento que has experimentado. Pero estamos en la misma situación. Formo parte en influenciar tu decisión de involucrarte y alzar tu voz. Ya sea que lo reconozcamos o no, el hecho es que nos estamos enfrentando juntos contra las mismas familias ricas y grandes corporaciones que tienen demasiada influencia sobre nuestras vidas. Muy a menudo, sus intereses son eliminar la mayor cantidad de petróleo y gas de la tierra, automatizar el trabajo lo más que puedan para reducir los costos de mano de obra, y dividirnos tanto como sea necesario para mantener su poder. No podemos confiar en las buenas intenciones o en nuestras instituciones democráticas para protegernos. Los únicos a los que podemos recurrir son el uno al otro y nuestra capacidad de trabajar juntos para crear una sociedad mejor. Eso no se basa en la tecnología o la capacidad intelectual, sino en nuestra capacidad de vernos como hermanos, incluso si nunca nos hemos conocido: amar al prójimo como a ti mismo.

Sentí esta sensación de parentesco e interdependencia humana el 6 de febrero de 2017, cuando estaba reunido con 150 personas en Phoenix para orar por Guadalupe García de Rayos quien se despedía de sus dos hijos mientras que entraba a un edificio federal de inmigración. Al día siguiente, fue deportada a un país que había dejado atrás hace veintiún años, cuando tenía catorce años de edad. La imagen del rostro angustiado de Guadalupe mientras miraba a través de la ventana desgastada de un van que se la llevaba era inquietante. Me recordó cómo me sentí al ver a Tajai Rice esposada y encerrada en la parte trasera de una patrulla mientras su hermano se desangraba en un parque de Cleveland donde había ido a jugar y también al escuchar a un patrullero estatal blanco de Texas decirle a Sandra Bland que le iba a caer a "balazos" por preguntar por qué la habían detenido.

Ya sea que veamos este dolor en persona o en las redes sociales, puede romper nuestros corazones, si los abrimos lo suficiente. Estamos programados para resistir la opresión, la nuestra y la de aquellos a quienes amamos. Nos enoja ver a otra persona ser tratada como menos que humana. Sabemos que nuestra humanidad no fluye de la claridad o la oscuridad de nuestra piel, la identificación que llevamos en nuestro bolsillo, o el dinero en nuestro cheque de pago. Cuando sentimos la injusticia, nos provoca un instinto para defendernos para y resistir. Aun así, nos preguntamos si se puede hacer algo. Después de reaccionar a una publicación de Facebook o repetir un hashtag, ¿qué viene después? ¿Cómo convertimos nuestra ira y frustración en acciones que hacen la diferencia, especialmente si el sistema parece ser manipulado?

Durante las últimas dos décadas, he trabajado enseñando y animando a las personas a unirse para mejorar sus comunidades y al país. Ayudé a construir algunas de las organizaciones de base más efectivas en los Estados Unidos. La organización para la que trabajo – *Faith in Action* (anteriormente llamada red nacional PICO) – equipa a decenas de miles de personas cada año con herramientas para combatir la injusticia racial y económica. Enseñamos el arte y la ciencia de la organización comunitaria – los pasos que una persona puede tomar para convertirse en un líder para el cambio. Les mostramos a las personas cómo poner en práctica los valores que más les interesan. Las organizaciones multirraciales y lideradas por personas en nuestra red han ganado cientos de victorias, incluyendo el aumento de salarios, la expansión al acceso a atención médica de alta calidad, la reforma de las leyes de sentencia y la reducción de la violencia armada, lo que ha creado una mejor vida para millones de personas.

Desde 2008 (bajo la sombra de la crisis financiera), hemos visto a más personas presentarse en las reuniones que desean abordar problemas más grandes y asumir mayores riesgos. En agosto de 2013, quince hombres y mujeres pasaron veintiún días caminando a través del calor abrasador de Central Valley en California para fomentar apoyo para la reforma migratoria. Su peregrinación por la ciudadanía comenzó con una misa católica en Sacramento. Terminó 285 millas más tarde con una manifestación de tres mil personas en Bakersfield (de la cual se toma la imagen de la portada). Siguió (a la inversa) la ruta que tomó César Chávez en la histórica marcha de campesinos de 1965. Más de dieciocho mil personas participaron en los eventos durante la trayectoria. Miles más caminaron en peregrinaciones en otros estados. La voluntad de la gente de caminar durante semanas y la magnitud de la respuesta sorprendieron a algunas personas. Pero lo veo como una señal de que la gente está cada vez más comprometida con la lucha por la justicia social.

Todos estamos impactados por las crisis superpuestas que enfrenta nuestra sociedad, pero las ondas de choque golpean a algunas personas antes que a otras. Aquellos que experimentan la injusticia de manera más directa a menudo actúan primero y corren los mayores riesgos. Ponen sus cuerpos en peligro para mostrar que hay un mejor camino hacia adelante. Esto es lo que hizo un pequeño grupo de jóvenes cuando tomaron la calle en Ferguson para protestar contra la muerte de Michael Brown bajo el eslogan: "somos jóvenes, somos fuertes, marchamos toda la noche." Muchos se conocieron por primera vez mientras Michael se encontraba tirado en la calle desangrándose. Se enfrentaron contra armas militares, tanques y gas lacrimógeno y sin cesar contaron la historia de Ferguson a través de los medios sociales. Su valentía creó una crisis moral, un momento de verdad, que se extendió por todas las comunidades de los Estados Unidos.

Desde las elecciones de 2016, personas de todos los ámbitos de la vida se han unido para oponerse a las políticas de la administración de Trump que tienen como blanco y como chivos expiatorios a los inmigrantes, los musulmanes, las personas de color, la comunidad LGBTQ y las mujeres. Activistas y líderes religiosos de *Black Lives Matter* han intensificado los esfuerzos para poner fin a la libertad bajo fianza en efectivo y elegir a fiscales responsables que dejarán de juzgar a los niños como adultos y reducirán el número de personas entre rejas. Los trabajadores de bajos salarios han seguido presionando por salarios más altos y un sindicato a través de *Fight por $15*(Lucha por $15). Los soñadores o *dreamers,* se han estado organizando para mantener su estatus legal y proteger a sus padres de la deportación. Estas y cientos de otras campañas de base que han recibido menos atención, nos dan una idea de lo que es posible cuando las personas se organizan.

Pero incluso cuando combinas toda la organización de justicia social que tiene lugar a través de diferentes redes, problemas y movimientos en los Estados Unidos, no es rival ante las fuerzas contra las que nos enfrentamos. Nuestros oponentes están en el lado equivocado de la historia y la humanidad. Pero tienen enormes recursos. Tienen una red de instituciones que abarca desde comité de expertos, súper comité de acción política (super PAC, en inglés), y grupos de presión en Washington, D.C., hasta estaciones de radio y televisión y grupos de activistas en todos los estados. Las familias más ricas de los Estados Unidos han hecho que el gobierno sea más receptivo al dinero que a las personas. Para contrarrestar su influencia, *nosotros el pueblo*, debemos crear un nivel de movilización sostenida, disrupción, e influencia política popular que no se haya visto del lado de la justicia social en el país desde la década de los 60. Por eso escribí *¡Levántate!*

Mi Historia

Aprendí las lecciones más importantes sobre la organización de mujeres y hombres que habían pasado la vida luchando contra la dictadura de Augusto Pinochet en Chile. En 1990, durante la transición de la dictadura a un gobierno electo en Chile, viví con mi esposa, Julia Paley, en un barrio con calles de tierra y casas construidas a mano en las afueras de Santiago, la capital del país. Pasé mis días trabajando con una cooperativa de salud de base que se organizó por años para resistir y derrotar a Pinochet. Era solemnizador darse cuenta de que durante esos años, la decisión de ir a una reunión significaba arriesgarse a ser torturado o asesinado. Es posible no saber los nombres reales de las personas que participan en estas reuniones (muchos utilizan aliases para protegerse a sí mismos y a los demás), pero es mejor que los conozcas lo suficiente como para confiarles tu vida. Lo último que querrías era confiar en las buenas intenciones de o ir a la batalla junto con personas con quienes careces relaciones profundas. Observé cómo los líderes experimentados reclutaban nuevas personas al valorar su conocimiento y experiencia, y cómo trabajaban con personas bajo mucha presión para formar grupos que tomaron medidas concretas en la comunidad. Aprendí la claridad que brinda el saber exactamente quién es tu oponente y entender que estás en una lucha a vida o muerte. Volví a los Estados Unidos con mucha claridad sobre cuán importante es para todos nosotros tener organizaciones bajo control y poder usarlas tanto para protegernos a nosotros mismos como a nuestras familias y para transformar a la sociedad.

Mi trayectoria hacia una vida de cambio social había sido formada por dos conceptos que mis padres me enseñaron cuando era joven. El primero fue una lección sobre el Holocausto que enseñaba que para sobrevivir se requiere el poder. Si carecías poder, las personas que te odiaban podrían matarte a ti y a tu familia y destruir tu cultura. El segundo fue que cada uno de nosotros fuimos creado a imagen de Dios, por lo que debemos tratar a las personas con respeto sea cual sea su raza, religión, sexo o circunstancias.

Mi mamá me contaba historias de cuando ella era joven y vivía en Mattapan, un barrio de Boston. Me sorprendió la idea de que se podía caminar hasta la tienda, ver a los vecinos en el camino y, si no tenías suficiente dinero, obtener lo que necesitabas a crédito. Pudo haber sido una perspectiva sublimada; aun así, parecía tan diferente de la vida suburbana anónima que teníamos. Pude sentir la tristeza de mi mamá por haber perdido ese sentido de comunidad.

Ella y mi padre me explicaron lo que le sucedió a su vecindario de tal manera que apuntaba a las medidas adoptadas por instituciones poderosas. Dijeron que los banqueros Brahmin (Blancos Protestantes élite) contaban con dinero de familias irlandesas que no querían que los negros vivieran en sus vecindarios. Entonces los banqueros trazaron una línea roja en un mapa alrededor de Mattapan y otros vecindarios donde vivían judíos y negros. Dijeron que estos eran los únicos vecindarios donde las familias negras podían pedir dinero prestado para comprar casas. Esta línea roja logró que barrios étnicos y suburbios donde vivían los blancos se mantuvieran blancos. A los propietarios de casas judíos no se les permitió vender sus casas directamente a las familias negras. Tuvieron que pasar por intermediarios. Los bancos e inversionistas de bienes raíces pudieron sacar provecho de este plan a través del *blockbusting* o acoso inmobiliario. Asustaban a las familias judías para que vendieran a precio de liquidación y luego revendían las mismas viviendas una y otra vez a precios inflados. Los préstamos estaban asegurados a nivel federal, por lo que los banqueros y los agentes inmobiliarios ganaban más dinero cuando las viviendas eran ejecutadas y luego revendidas.

La historia que mis padres me contaron acerca de Mattapan se sumó a la narrativa más amplia de lo que podría suceder si no contabas con poder o te despreciaban. Cuando me mudé a Filadelfia en 1982 para estudiar en la universidad, no entendía completamente el concepto de la línea roja o *blockbusting* en Mattapan o los incendios en Boston ni las peleas sobre el transporte escolar que había visto en las noticias durante mi niñez. Pero tenía una orientación hacia el mundo.

En Filadelfia, durante la profunda recesión financiera de la presidencia de Reagan, vi a mucha gente viviendo en las calles y miles de casas abandonadas. Esa contradicción entraba en conflicto con lo que me habían enseñado sobre valorar a las personas y que los problemas se pueden solucionar. Como estudiante de primer año, dirigí mi primera campaña de organización (Estudiantes por un calendario más sensible) para persuadir a la universidad a cambiar el calendario escolar para que el primer día de clases no cayera en la festividad judía de Rosh Hashaná. Más tarde, Desmond Tutu visitó el campus, y un buen amigo y yo empezamos la campaña de "Estudiantes judíos contra *apartheid* (segregación racial)". Nos unimos a una protesta en donde acampamos por veinte días afuera de la oficina del presidente de la universidad para presionar a la universidad a vender acciones de compañías que hacían negocios con Sudáfrica. De lo mundano a lo global, estas experiencias me ayudaron a superar la timidez. La misma timidez que me hizo querer esconderme en la parte trasera de las aulas de la escuela secundaria. La organización del campus me dio una idea de lo que era trabajar con otras personas en el mundo. Pero también me dejó preguntándome cómo era que podíamos luchar contra pequeños errores contra mi propia comunidad y los grandes en el otro lado del mundo, pero no hacer nada sobre el *apartheid* que definía la ciudad en la que vivía.

Después de la universidad, trabajé para una red de organizaciones comunitarias que se enfocaban en el desarrollo de viviendas y empleos en los vecindarios de Filadelfia. Durante mi entrevista de trabajo, escuché por primera vez la conexión entre la palabra organizador y el trabajo remunerado. Aprendí a analizar datos que mostraban la discriminación en préstamos hipotecarios y a organizar grupos de la comunidad en coaliciones contra las prácticas discriminatorias (el trazado de líneas rojas). Ganamos acuerdos con bancos de préstamos valorados en los millones de dólares. En ese momento, no conecté el trabajo que estaba haciendo con las historias con las que había crecido. Pero en retrospectiva, puedo ver que encontré el propósito de hacer algo sobre la discriminación hipotecaria y el *blockbusting* que destruyó el vecindario de mi mamá. Fue la primera vez que vislumbré lo que era ser poderoso.

Cuando estaba aprendiendo a ser un organizador, una de las personas para las que trabajé, que era afroamericana, me ayudó a ver cuánto privilegio tenía yo al entrar en una habitación como hombre blanco, y cómo mi raza y mi género instituían la disposición de la gente a respetar lo que tenía que decir. Pero otros también me dijeron que si uno tenía como propósito unificar a las personas a través de las líneas raciales para hacer cambios en asuntos que afectaban a sus familias y comunidades, como viviendas asequibles, mejores escuelas y calles más seguras, no era necesario pasar tanto tiempo hablando explícitamente sobre la raza. Otras organizaciones podrían enfocarse en el diálogo intergrupal. Estábamos uniendo a personas de diferentes razas para hacer cambios que pudieran ver en sus vidas.

La ansiedad subyacente sobre centrarse en la raza y el racismo era que dificultaría la unión de grupos multirraciales. Entonces, como ahora, muchas organizaciones dirigidas por blancos que se consideran progresistas enfatizan la clase sobre la raza. Creen que esto mantendrá a los blancos de la clase trabajadora en el redil. Pero hay algo más que sucede con esta manera de pensar. En retrospectiva, estoy seguro de que sentí la satisfacción emocional de ser una persona blanca que fue capaz de unir a personas de diferentes razas para hacer cambios en la comunidad, sin tener que hablar de raza o de mi propio privilegio. Y eso me hizo echar de menos algo más grande y más importante que estaba sucediendo en mi propia identidad y en los grupos y comunidades con los que estaba trabajando.

Durante varios años, trabajé como organizador de una parroquia católica trilingüe en un vecindario de clase trabajadora en Filadelfia que había quedado devastado por el colapso de la industria textil. Cuando nos comenzamos a organizar, los líderes blancos, latinos y vietnamitas de la iglesia, se reunían por separado sobre temas comunitarios.

Las reuniones en español atrajeron a la mayoría de la gente, y aunque los problemas del vecindario que la gente planteaba en esta reunión eran similares a los planteados por los feligreses blancos y vietnamitas, también escuchamos muchas historias de personas que se habían sentido como ciudadanos de segunda clase cuando comenzaron a asistir a la iglesia. En las reuniones de los blancos, la gente expresaba disgusto y ansiedad racial, ligeramente enmascarada, por perder el control de su vecindario. En las reuniones de los vietnamitas, a los padres les preocupaba perder a sus hijos por lo que consideraban una cultura urbana estadounidense de drogas y pandillas. Las reuniones separadas crearon un entorno para que las personas hablaran honestamente y encontraran su voz. Pero cuando unimos a todas las personas, omitimos el tema racial en cada una de las reuniones y pasamos a hablar directamente sobre los problemas del vecindario que todos tenían en común.

En la primera reunión pública grande que sostuvimos con los funcionarios de la ciudad, centrada en las casas abandonadas en una de las calles que dan a la iglesia y los robos de automóviles durante los servicios, interpretábamos lo que se decía en inglés al vietnamita y al español. Cerca del inicio de la reunión, un hombre sentado en el banco frente a mí gritó: "Mi hermano murió en Vietnam, no voy a aguantar esta mierda" y luego se fue. Los pensamientos sobre la raza estaban en la mente de todos. Pero no estaba equipado para ir más allá de los límites de una discusión real sobre cómo se estaba desenvolviendo la raza en la parroquia y el vecindario y en los corazones de las personas. Y no estaba seguro de que ese era mi trabajo.

En retrospectiva, puedo ver que nuestra incapacidad de crear un espacio para una conversación directa sobre el racismo y la ansiedad racial, sentida, pero no siempre verbalizada, hizo más difícil unificar a la parroquia. Limitó lo que pudimos lograr. Tuvimos una alianza táctica entre los miembros anglos, latinos, y algunos vietnamitas enfocados en casas vacías y las esquinas donde se vendían las drogas. Pero no pudimos confrontar directamente cómo los funcionarios de la ciudad enfrentaban a los barrios y los grupos raciales unos contra otros por los escasos recursos. Nos enfocamos en los síntomas, no en las causas. No tener el lenguaje ni el espacio para hablar con franqueza sobre la raza y el racismo nos impidió enfrentar el tema de que el vecindario estaba siendo abandonado, para que pudiera ser rediseñado en beneficio de un grupo completamente diferente de blancos, que tenían dinero y tiempo para gastar.

Mi capacidad de elegir si hablar o no sobre la raza y el racismo era parte del privilegio que se le atribuía a ser blanco en la sociedad estadounidense. Este privilegio es tóxico para avanzar en la justicia social. Hablar explícitamente sobre la experiencia de la gente con el racismo y los privilegios puede generar conversaciones más difíciles. Pero aumenta las posibilidades de que las personas se presenten o participen de lleno. Hace que el racismo sea responsabilidad de todos, no solo de las personas de color. Si vemos cómo se usa el racismo para dividirnos y ponernos el uno contra el otro, si hablamos honestamente sobre cómo vive en nuestros corazones, entonces tenemos la oportunidad de construir la confianza necesaria para que las personas trabajen juntas para crear un entorno más justo y una sociedad compasiva.

En *¡Levántate!* discuto muchos de los problemas más apremiantes que enfrentan la sociedad estadounidense y el mundo. Detrás de todos ellos está la cuestión a quién le pertenece y de quién es la voz que cuenta. Como dijo el Papa Francisco, "el único futuro que vale la pena construir incluye a todos"[1] Sin embargo, todos los días vemos más intentos de echarle la culpa de los problemas sociales causados por la concentración de la riqueza y el poder a personas comunes que solo intentan vivir su vida en este mundo, usando como blanco de culpabilidad a nuestros hermanos y hermanas debido a su raza, religión, y género. Para construir un futuro mejor, debemos construir un movimiento que genere espacio para el sufrimiento y las esperanzas de todos, independientemente de sus antecedentes, reconociendo al mismo tiempo el trauma y el dolor específicos causados por la discriminación racial y de género que afligen a nuestra sociedad.

El mensaje subyacente de este libro es que cada uno de nosotros importa. Nuestras opiniones deben ser escuchadas, y pueden escucharse, pero solo si dejamos de observar desde las gradas, abrimos nuestros corazones más ampliamente, nos levantamos, nos unimos y nos organizamos. Espero que *¡Levántate!* pueda servir como una herramienta útil para que las personas (e idealmente, grupos de personas) puedan reflexionar sobre su posicionamiento en el proceso del cambio social. Como se argumenta en el capítulo 5, leer y reflexionar sobre libros, artículos y otros escritos puede ser una parte útil en el proceso de acción colectiva. Al mismo tiempo, cabe destacar que las ideas y consejos de este libro son una sombra de la experiencia real de luchar por la justicia en el mundo. Aprendemos cómo organizarnos al hacerlo, y todo lo que sabemos sobre la organización es el fruto de aquellos que han tenido el valor de levantarse y pelear por la creación de un mundo mejor.

INTRODUCCIÓN: UNA GUÍA DE SUPERVIVENCIA

Cada uno de nosotros enfrenta un momento de verdad cuando tenemos la oportunidad de arriesgarnos por algo más grande que nosotros. Algunas veces el llamado en nuestra puerta que nos pide que nos levantemos, nos involucremos, alcemos la voz, tomemos el liderazgo, hagamos algo, es tan débil que no lo escuchamos. Otras veces escuchamos el llamado, pero no estamos seguros de cómo responder. ¿Es realmente para mí? ¿Soy la persona indicada? ¿No hay alguien más que responderá?

¡Levántate! es una guía para responder al llamado en tu puerta que te llama a unirte con otras personas para cambiar el mundo. Se trata de encontrar el propósito de tu vida en el cambio social. Los principios y prácticas del libro te ayudarán a resolver problemas locales en tu comunidad y a participar en la confrontación de los mayores desafíos que enfrenta nuestra sociedad. *¡Levántate!* explica lo que cada uno de nosotros debe saber, y ser capaz de hacer, para sobrevivir y prosperar en un mundo que se siente como si estuviera fuera de control. Esta introducción resume los puntos principales del libro, comenzando con una historia que ilustra la conexión entre levantarse y sobrevivir.

El llamado en la puerta de Mario Sepúlveda era inconfundible. Llegó como una ensordecedora explosión de rocas cayéndose. El 5 de agosto de 2010, Mario operaba una cargadora frontal, dentro de una mina de cobre profunda de cien años de antigüedad en el norte de Chile. Después de años de abandono, lo que conllevó a que decenas de trabajadores perdieran sus extremidades y sus vidas, la mina finalmente colapsó, dejando atrapado a Mario y otros treinta y dos mineros a dos mil pies (610 metros) bajo tierra.

En los minutos que siguieron al colapso, algunos hombres corrieron a un pequeño refugio reforzado cerca del fondo de la mina. Sin pensar en el futuro, invadieron un gabinete de suministros de alimentos de emergencia y comenzaron a comerse el escaso suministro de alimentos destinado a mantener a dos docenas de mineros alimentados durante solo dos días. Otros mineros fueron en busca de sus camaradas. Una vez que la mina se asentó, un pequeño grupo, incluido Mario, exploró pasadizos estrechos en una búsqueda infructuosa por una salida. El supervisor de turno se quitó su casco blanco y les dijo a los demás que ya no era su jefe. Ahora todos estaban a cargo.

En medio del miedo y la confusión, Mario comenzó a organizar a los otros mineros. Había visto la enorme losa de roca bloqueando su salida de escape. Más tarde, le comentó a Héctor Tobar, autor de *Deep Down Dark: The Untold Stories of 33 Men Buried Alive in a Chilean Mine, and the Miracle That Set Them Free* (Profundo en la oscuridad: Las historias no contadas de 33 hombres enterrados vivos en una mina chilena, y el milagro que los liberó), "En ese momento puse la muerte en mi cabeza y decidí que viviría con ella".[2] Mario les dijo a los hombres (a las mujeres no se les permitía trabajar en la mina) que podrían estar bajo tierra durante semanas. Deberían racionar sus galletas y leche condensada. Una vez que marcaron presente a los treinta y tres mineros, les recordó que ese número era la edad en que Jesús fue crucificado, una señal de que estaban destinados a vivir. Él les animó a organizar reuniones de oración diarias, lo que unió a los hombres más y les ayudó a superar las fricciones de ser enterrado vivo con pocas esperanzas de rescate.

Mario no estaba solo tomando el liderazgo. Una de las acciones más importantes que tomaron él y el supervisor de turno fue darle a cada hombre un rol: desde la configuración de la iluminación para imitar el día y la noche, hasta el acarreo de agua y el cuidado de los enfermos. Los hombres organizaron reuniones diarias donde debatieron y votaron sobre las decisiones de vida o muerte, sobre el racionamiento de sus alimentos, y la organización de su espacio de vida. En la superficie, sus madres, hermanas, y esposas se organizaron para presionar al gobierno chileno, que se demoraba en montar un rescate a gran escala. La supervivencia de los mineros fue un esfuerzo de equipo.

Sin embargo, la decisión de Mario de levantarse el primer día probablemente le salvó la vida a él mismo y a los otros hombres. Al racionar cuidadosamente su escaso suministro de alimentos, pudieron sobrevivir durante semanas en migas diarias. De igual importancia, al organizarse a sí mismos, preservaron su humanidad. Sostenían la creencia de que finalmente escaparían de su tumba subterránea. Cuando algunos hombres perdieron la esperanza, otros los empujaron a seguir luchando para mantenerse con vida.

Pocos de nosotros experimentaremos la privación extrema que enfrentan los mineros chilenos durante sus sesenta y nueve días bajo tierra. Sin embargo, los desafíos que superaron, descubrir una forma de compartir recursos escasos, mantener viva la esperanza a pesar de repetidos reveses, no atacar a las personas que los rodeaban, son similares a los que enfrentamos en nuestras propias vidas. Y, al igual que los mineros, todos dependemos el uno del otro para nuestra supervivencia.

Los humanos pueden ser miopes y crueles. Al igual que los hombres que abrieron los paquetes de galletas que necesitarían durante semanas, actuamos sin pensar en las consecuencias. Ponemos el poderoso dólar por encima del valor de la vida humana, lo que permite que la gente trabaje en una trampa mortal para mantener las ganancias fluyendo. Permitimos que los problemas se propaguen y que el prejuicio nos divida de las personas cuyo destino compartimos. Sin embargo, en el mejor de los casos, somos seres sociales programados para trabajar juntos para resolver problemas. Sentimos en lo más profundo la necesidad de cuidarnos los unos a los otros. Como dijo el Papa Francisco: "A pesar de todas nuestras limitaciones, los gestos de generosidad, solidaridad, y cuidado no pueden sino brotar dentro de nosotros, ya que fuimos creados para amar".[3]

Martin Luther King, Jr., capturó esta tensión en nuestra humanidad en su sermón sobre Lucas capítulo 11 versículos del 5 al 13. Un hombre toca la puerta de su vecino a medianoche y le pide tres panes. El hombre quiere el pan para alimentar a un viajero hambriento que ha llegado a su casa. El vecino que tiene el pan dice: "No me molestes. La puerta ya está cerrada, y mis hijos y yo estamos en la cama. No puedo levantarme y darte nada" (Lucas 11: 7). Cuando está claro que el hombre que busca el pan no deja de tocar, el vecino cede. King dice que la medianoche es un momento de desesperación. El viajero busca no solo el sustento del pan, sino la esperanza de que llegue el amanecer.[4] Al igual que nosotros, los personajes de la parábola son interdependientes. Pero aún deben decidir si van a responder o a retirarse. El viajero hambriento saca a la superficie una batalla entre el egoísmo y la solidaridad, que hierve a fuego lento en todos nuestros corazones y llega a un punto de ebullición en momentos de crisis.

Una Guía Para Sobrevivir A Un Mundo En Llamas

Hoy, de una forma u otra, nuestras vidas carecen más y más de la seguridad debido a tres crisis interconectadas: la creciente desigualdad económica, el endurecimiento del racismo y la aceleración del cambio climático. Estos son el equivalente del derrumbe de rocas y la oscuridad que pusieron a prueba a los mineros chilenos. Al igual que el colapso de la mina, los cambios que separan a nuestra sociedad y nuestro planeta no son simplemente el resultado de desafortunados accidentes. Fluyen de décadas de desinversión por parte de personas y comunidades. Son el resultado de decisiones políticas intencionales que nos han perjudicado y concentran la riqueza y el poder en manos de un pequeño número de personas a expensas de nuestra seguridad y bienestar.

Así, como los mineros tuvieron que enfrentar la realidad de que no había una salida fácil de la mina (una de las muchas infracciones de seguridad encontradas fue la falta de escaleras para que los mineros suban a los pozos de ventilación), debemos reconocer que las condiciones no van a mejorar por su propia cuenta. Nadie viene a salvarnos. No habrá un héroe en un caballo blanco. No existe ninguna aplicación ni solución de alta tecnología. Todo lo que tenemos que recurrir es el uno al otro, nuestra capacidad humana de organizarnos para crear una sociedad mejor. Al igual que Mario Sepúlveda y los tres hombres en la parábola, la primera decisión que cada uno de nosotros debe tomar en este momento decisivo, es si vamos a comprometernos al mundo o nos retirarnos a nuestras vidas privadas. Sobre esta cuestión depende la calidad de nuestras vidas y el futuro de la humanidad.

En su libro *Hillbilly Nationalists, Urban Race Rebels, y Black Power: Community Organizing in Radical Times*

(Nacionalistas hillbilly, rebeldes de la carrera urbana, y el poder de los negros: Organización comunitaria en tiempos radicales), Amy Sonnie y James Tracy cuentan una historia sobre Jean Tepperman, quien a los dieciocho años asistió a la famosa marcha de Washington por el empleo y la libertad de 1963. Años más tarde, después de toda una vida dedicada a la organización, Jean recordó que dudó por un momento cuando un orador le pidió a la gente que dieran un paso adelante si estaban dispuestos a comprometer sus vidas en la lucha por la justicia racial. "¿Podría ella realmente hacer esa promesa? Ella recordó el color y la textura del pavimento bajo sus pies cuando hizo una pausa, luego dio un paso adelante".[5]

Entrar en el cambio social, ya sea por un momento o para toda una vida, nunca es fácil. Es difícil renunciar a la idea de que podemos encargarnos de las cosas, solos, sin causar escándalos ni ser vulnerables a otras personas. A muchos de nosotros, especialmente a los hombres, nos han enseñado que vivir una buena vida significa ser autosuficientes, que debemos aspirar al control y aceptar nuestro destino. Pero si somos inteligentes, aprendemos a depender de otras personas, no solo familiares y amigos, sino extraños. Crecemos como seres humanos confiando en los demás y sintiendo el amor que continúa. Somos como un conductor atrapado en el medio de la carretera mientras pasan los carros. Debemos poner nuestra vida en manos de otras personas para avanzar en este mundo. Es por eso que Mario tuvo que enfrentar su propia mortalidad y dependencia de sus hermanos mineros antes de poder liderar.

Una vez que decidimos levantarnos y alzar la voz, entramos en un mundo de lobos, de poderosas fuerzas que quieren que nos quedemos en silencio o desaparezcamos. No renunciarán a su privilegio sin luchar. Debemos aportar toda la sabiduría que tenemos sobre cómo hacer el cambio.

No podemos confiar en las buenas intenciones ni usar curitas para tratar los síntomas, pero no la enfermedad. Debemos atraer a personas que están al margen de la vida pública para que tengamos suficiente personas con poder para ganar. Necesitamos de organizaciones y movimientos con influencia para negociar cambios en las leyes y políticas que dan forma a nuestras vidas. Debemos poder gobernar las comunidades, estados, y países en los que vivimos. El trabajo político puede ser complementado por la tecnología. Pero, solo tendrá éxito si está arraigado en el tipo de relaciones individuales que han sostenido cada movimiento social en la historia.

El objetivo principal de este libro es que tenemos todo el poder que necesitamos para crear una sociedad justa e imparcial. Las personas que se benefician de la miseria nos dicen que nos aguantemos. *"Así son las cosas. No puedes luchar contra el gobierno. Tu voz no cuenta"*. Los que están en el poder, nos dicen, es una mentira, no más verdadera que la idea de que algunas personas valen más que otras. No hay casi nada que no podamos cambiar: si elegimos involucrarnos, si abrimos nuestros corazones a los demás, si vemos que no se trata de ayudar a otra persona, sino de nuestra propia liberación, si no tratamos de hacerlo solos, si aprendemos de aquellos que arriesgaron sus vidas para luchar contra la opresión, si tenemos el valor de enfrentar a las personas en el poder incluso cuando estamos inseguros o asustados.

Más Allá Del Cinismo

Para cambiar el equilibrio de poder en nuestra sociedad, muchas más personas deben dejar de lado la idea de que no se puede hacer nada o que no tienen nada que ofrecer. Cuando dudamos en involucrarnos en la política como algo más que votantes insatisfechos, terminamos entregando nuestro poder a aquellos que ya son poderosos. Vivimos en una sociedad que nos dice que estamos solos, incluso cuando un pequeño número de ejecutivos corporativos ejercen un control desmesurado sobre nuestras vidas. En los últimos cuarenta años, las personas que dirigen las empresas más grandes del mundo han logrado reducir los salarios de la mayoría de los trabajadores, aumentar las ganancias, y reducir el gobierno como red de seguridad en tiempos difíciles. Estos cambios han causado un gran sufrimiento y una duración más corta de nuestras vidas.[6] También nos han cortado a la deriva el uno del otro. No solo desconfiamos de las grandes instituciones, sino también los unos de los otros y de nosotros mismos. Buscamos de la comunidad pero dudamos que exista. Queremos que nuestras voces sean escuchadas, pero cuestionamos si algo puede cambiar. Escuchamos cómo el dinero ha corrompido la política, pero eso solo refuerza nuestro disgusto con el sistema.

Escribí este libro como una herramienta para ayudar a interrumpir este ciclo de cinismo. Quiero desmitificar el cambio social para que lo veamos como algo que todos debemos hacer como seres humanos. Tenemos que ver nuestro compromiso con el mundo, con todos sus problemas, en cómo vivimos nuestro objetivo en la vida. Cuando nos organizamos, actuamos como lo mejor de nosotros mismos. Experimentamos ser un agente de cambio en lugar de un objeto de la imaginación de otra persona. Superamos la división y la desesperación. Resolvemos problemas que no deben existir. Esto es más que solo ser buenas personas. Se trata de nuestra supervivencia. En una sociedad donde la riqueza está cada vez más concentrada y el planeta está en riesgo, optar por no hacer algo no es una opción. Si no actuamos ahora, nuestras vidas y las de nuestros hijos y sus hijos se verán enormemente disminuidas. Será cada vez más difícil pagar la educación superior, encontrar trabajo estable, y caminar por las calles sin temor a la violencia.

Ella Baker, la conciencia organizadora del movimiento por los derechos civiles, dijo sobre su trabajo: "Mi sentido básico siempre ha sido hacer que la gente comprenda que a la larga ellos mismos son la única protección que tienen contra la violencia y la injusticia". Eso significa nutrir la capacidad de las personas para dirigir sus propias organizaciones. Como ella dijo, "La gente fuerte no necesita líderes fuertes".[7]

¡Levántate! ofrece un marco probado paso a paso para convertirte en un líder eficaz de cambio social y construir mejores organizaciones. Está diseñado para motivar a más personas a sumergirse y asumir mayores riesgos. Es un llamado a experimentar el poder y el propósito que provienen de unir a otras personas para crear un mundo en el que todos podamos pertenecer y prosperar. Si ya estás involucrado en el cambio social, el libro está destinado a ayudarte a profundizar tu compromiso: a responder a la pregunta: ¿Cómo puedo hacer una vida con este trabajo de justicia y llevar a otros conmigo?

Cinco Conversaciones Que Pueden Cambiar El Mundo Y Nuestras Vidas

¡Levántate! está estructurado en torno a cinco conversaciones que pueden ayudar a las personas a construir y liderar organizaciones poderosas. Nuestra capacidad para hablar entre nosotros es la herramienta más confiable que tenemos para cambiar el mundo. Todos conocemos la diferencia entre una conferencia y una conversación. Cuando le hablamos *a la* gente en lugar de hablar *con* ellos, la mayoría no querrán participar. Algunos pueden volver a aparecer o responder a la acción que les pedimos que tomen, pero es poco probable que su compromiso crezca. Cualquier resultado probablemente sea de corta duración. Tenemos que entablar un diálogo con las personas si queremos que se desarrollen como líderes o

construir organizaciones que puedan persistir contra enemigos poderosos.

Las conversaciones toman tiempo y pueden ser difíciles. Son poderosas porque crean un "conjunto de pensamientos compartidos" que hacen posible que las personas piensen juntas.[8] Las decisiones que tomamos sobre la estrategia y las tácticas son mejores cuando provienen del diálogo. Las personas sienten un sentido de propiedad y responsabilidad por ellos. El cambio social se reduce a la construcción de relaciones humanas duraderas que hacen posible que un gran número de personas actúen con poder y propósito, razón por la cual *¡Levántate!* está estructurado en torno a las conversaciones.

Primera Conversación: El Propósito – Cómo Prepararte Emocionalmente Para La Batalla De Tu Vida

La primera conversación se debe entablar con nuestros propios corazones para reflexionar sobre nuestro propósito en el mundo. ¿Cuál es mi propósito aquí en esta tierra? ¿Cuál será mi legado? Para muchos de nosotros, esta es una conversación que tenemos con Dios: ¿Qué pides de mí? ¿Qué lecciones debo aprender del sufrimiento y la gracia que he experimentado en mi vida? Para otros, esta conversación trata de luchar con el significado de nuestras vidas y la diferencia que queremos hacer en el mundo.

El punto de partida para todo cambio social es la transformación interna. El proceso de abrir nuestra vida al mundo, de encontrar nuestro lugar en un movimiento más grande para el cambio, es misterioso. Requiere remover las capas de historias que nos contaron al crecer sobre cómo debemos comportarnos y cuál es nuestro lugar adecuado en la sociedad en función de nuestro género, color de piel, religión, orientación sexual o nacionalidad. Nos damos cuenta de la verdad de lo que está sucediendo en el mundo y de lo que se espera de nosotros en todos los aspectos. Tenemos una experiencia que nos causa dolor o vergüenza. Sentimos una sensación de poder personal que no queremos que desaparezca. Escuchamos algo proveniente de alguien a quien queremos o respetamos que captura nuestra imaginación. Alguien nos empuja a defender algo. Reaccionamos emocionalmente a una situación y nos encontramos envueltos en una lucha que creíamos que no tenía nada que ver con nosotros.

La opresión persiste porque las personas que se benefician de ella están dispuestas a luchar duro para mantener su posición privilegiada en un orden injusto. Organizarnos contra la injusticia requiere una fortaleza emocional para fortalecernos en un largo camino lleno de decepción y retraso. Debemos ser claros acerca de lo que valoramos lo suficiente como para luchar. El compromiso que proviene de la claridad de propósito es el recurso más poderoso que tenemos contra los enemigos determinados. Nelson Mandela trajo lágrimas a nuestros ojos cuando salió de la prisión en 1990 después de veintisiete años, por su propia cuenta. Fuimos testigos de un hombre que tuvo la fortaleza de nunca ceder y nunca darse por vencido. Cuando tenemos claro nuestro propósito y de saber quiénes nos respaldan, no hay casi nada que no podamos lograr. Estamos listos para construir un movimiento.

Segunda Conversación: La Historia –Crear Relaciones Que Muevan A Las Personas A Tomar Acción

El siguiente paso, la segunda conversación, es compartir nuestra historia con otra persona y escuchar la suya. Las historias son el componente básico del cambio social. Nuestras historias capturan el conjunto único de experiencias, personas, y creencias que han moldeado nuestras vidas. Son la forma en que explicamos nuestros valores y compromisos emocionales a otras personas, y cómo conectamos nuestras vidas con las suyas y con la historia. Cuando escucho tu historia, te puedo ver. Cuando encontramos algo en común en nuestras historias, cosa que siempre ocurre, sin importar qué tan diferentes parezcamos, se crea una conexión emocional que es necesaria para comenzar a caminar juntos en el camino hacia la justicia.

Debido a que las historias son la forma en que damos sentido al mundo, son la mejor manera de persuadir a las personas para que vean las cosas de manera diferente. Leemos un libro o escuchamos un discurso, y años después lo único que recordamos es una parte de una historia. Las personas que se toman el tiempo para reflexionar sobre las experiencias que han moldeado sus vidas y cristalizar esas experiencias en historias emocionalmente poderosas, son capaces de persuadir y motivar a las personas a hacer casi cualquier cosa. Fray Jesús Nieto, un sacerdote católico en Oakland y un líder del clero en *Faith in Action*, relata sobre su viaje a los Estados Unidos desde México donde venía bien apretado junto a dos personas más en la cajuela de un auto. Emigró con el fin de reunirse con su padre. Esa imagen de un niño que crecería para ser un sacerdote de la parroquia, luchando por respirar en la cajuela de un automóvil es poderosa. Nos pone en un espacio emocional, y nos explica lo que se debe saber para entablar una conversación seria acerca de hacer que la política de inmigración de los EE.UU. sea más humana.

Tercera Conversación: El Equipo – Encontrar Una Base En Un Movimiento Hacia El Cambio

La tercera conversación se entabla con un equipo de hermanas y hermanos con los que podemos trabajar para cambiar el mundo. El cambio social es un deporte de equipo, llevado a cabo junto a personas en las que confiamos nuestras vidas. La mejor manera de mantenerse al margen de la justicia es ser parte de un grupo que se reúne regularmente. Lo que podemos lograr en este mundo, y la transformación personal que experimentamos a lo largo del camino, depende de la calidad de las conversaciones que tenemos con las personas con las que trabajamos a diario para generar cambios. Los grupos pequeños que generan confianza y un enfoque compartido han impulsado el cambio social a través de la historia. Permiten a las personas sentarse en comedores segregados y ocupar las calles patrulladas con despotismo y se niegan a ser movidos. En contraste, las grandes organizaciones sin espacios más pequeños tienden a tratar a las personas como dispositivos que trabajan en una rueda más grande en lugar de agentes de cambio social.

Se requiere trabajo duro y honestidad para hacer que los equipos de justicia social funcionen. Los grupos pequeños tienen éxito cuando crean normas compartidas, generan confianza a través de conversaciones francas, adoptan objetivos ambiciosos, crean roles claros para las personas, y toman decisiones importantes en conjunto. Con estos ingredientes, es posible organizar un gran número de equipos que pueden funcionar de manera efectiva sin depender de mucho personal remunerado. Dentro de los grupos, las personas pueden seguir un proceso de compartir historias, reflexionar sobre el texto y actuar juntos, lo que ayuda a los equipos tanto a hacer las cosas como a ser transformadores para sus miembros.

Cuarta Conversación: La Base – Para Reclutar Seguidores Tendrás Que Dirigir

La cuarta conversación se entabla con una base de personas, en escuelas, vecindarios, congregaciones, lugares de trabajo, y redes sociales, que nos hacen líderes y nos hacen responsables. Millones de personas esperan ser invitadas a crear un mundo mejor. Comencé este libro diciendo que cada uno de nosotros tiene que tomar una decisión profundamente personal sobre si van a participar o no en el mundo y cómo hacerlo. Utilicé la imagen de un llamado a nuestra puerta como una metáfora de la decisión de si levantarse o retroceder ante una crisis. Si has llegado hasta este punto en *¡Levántate!,* quiero dejar claro que no es suficiente abrir la puerta; tienes que salir y llamar a la puerta de otra persona. Cuando decidimos participar en el cambio social, le decimos sí al trabajo desordenado que es organizar a otras personas. Para volver al sermón de King, el protagonista de Lucas 11: 5-13 no es ni el viajero de medianoche ni el vecino reacio. Es la persona lo suficientemente valiente como para llamar a la puerta de otra persona a medianoche y pedir sustento social. No importa si nadie responde o si nos tiran la puerta en la cara. La pregunta es si tenemos la fortaleza, como Nelson Mandela, para seguir adelante hasta que encontremos a alguien dispuesto a unirse.

La variable clave en las matemáticas del cambio social es la cantidad de personas que invitamos a participar. Cuando un amigo o un vecino le piden a alguien que se ofrezca como voluntario o contribuya a una causa, estos tienden a responder a tasas sorprendentemente altas. Cuando escucho a las personas explicar cómo se involucraron por primera vez en una organización, casi siempre comienzan su historia con alguien que conocen, o una persona que fue enviada por alguien que conocen, que vinieron a hablar con ellos. Parece demasiado simple, pero la forma más segura de sacar a las personas de la barrera e involucrarlas en la discusión es preguntándoles directamente, especialmente si la persona que hace la pregunta es alguien conocido. Los folletos y las publicaciones de Facebook no son suficientes. La gente necesita escuchar que alguien en quien confía quiere que se involucren.

Quinta Conversación: El Poder – Ganar Para Obtener Un Cambio Social

La quinta conversación se entabla con los poderes existentes para desenmascarar quién se beneficia del dolor que vemos en la comunidad y en la sociedad, que tiene la capacidad de aliviarlo y comenzar a negociar el cambio. Esta conversación nos ayuda a comenzar a descubrir cuánto poder necesitamos para superar los intereses que mantienen la injusticia en su lugar. Nos referimos a un contacto directo, cara a cara, que involucra nuestros sentidos, permitiéndonos ver, oír, tocar, y oler a las personas que toman las decisiones que dan forma a nuestras vidas.

Este contacto primitivo no siempre es fácil de hacer (aunque a menudo es menos difícil de lo que pensamos), pero es esencial. Nos da una muestra de poder. Las personas se dan cuenta de su influencia en el mundo al experimentar su capacidad de lograr cambios, no al decirles que son poderosas. Interactuar con personas que dirigen instituciones y sistemas ayuda a eliminar las capas de deferencia que nos llevan a entregar nuestras vidas, y las de nuestros seres queridos, a personas con otros objetivos que no sean nuestro bienestar. También nos obliga a ser brutalmente honestos sobre cómo funciona la política.

La mayoría de las personas, especialmente las que han experimentado durante mucho tiempo que los demás les digan qué hacer en el trabajo y en sus vidas, tienen dudas sobre su poder. La organización hace que esto cambie. *Faith in Action* tiene años de investigación que muestra que mientras más personas participan en reuniones cara a cara con alcaldes, concejales, ejecutivos bancarios, y otros encargados de la toma de decisiones, más encuentran sus propias voces como líderes. Es más probable que asistan a reuniones futuras, acepten roles más grandes en las organizaciones, y sientan más una sensación de voluntad.[9]

Por el contrario, cuando la gente asiste a un mitin o una gran reunión, puede ayudar a una organización a mostrar su fortaleza y obtener resultados, pero no necesariamente se traduce en que continuarán participando, presidirán una reunión, o se sentirán capaces de lograr cambios en su comunidad o la sociedad.

La organización local que involucra directamente a instituciones poderosas en nuestras comunidades es valiosa no solo porque aborda algunas de las decisiones más importantes que dan forma a nuestras vidas y nos brinda experiencia con política, sino también porque crea un precedente y un impulso para victorias a gran escala. Debemos construir campañas y movimientos desde el principio. En la base de la pirámide hay esfuerzos locales a través de los cuales las personas trabajan juntas para lograr cambios que puedan ver y sentir en sus vidas. En el siguiente nivel, hay campañas más grandes para cambiar las políticas públicas en ciudades o estados. En la parte superior hay movimientos a gran escala que buscan cambiar radicalmente las reglas y la cultura de la sociedad, como abolir la esclavitud, acabar con el trabajo infantil, y brindar atención médica para todos. Estos cambios cambian la dirección del flujo del río. Pueden pasar décadas y generaciones para que ocurran, pero comienzan con la gente que se mete en el agua en sus propias comunidades.[10]

Estas cinco conversaciones contigo mismo, otras personas, tu equipo, tu base y los poderes existentes, te ayudarán a descubrir lo que un movimiento más grande para el cambio requiere de ti de manera personal. Te muestran cómo ser un líder con seguidores, involucrar a otras personas, construir y sostener organizaciones y movimientos, y tomar medidas que conviertan lo imposible en lo posible y lo posible en lo inevitable.

Cada conversación tiene un propósito diferente. Cada una se lleva a cabo con diferentes personas en distintos momentos en el ciclo de construcción de una organización. Cada una implica una orientación emocional diferente. En conjunto, hacen posible crear una red de relaciones lo suficientemente fuerte como para enfrentar a las personas que se están alimentando de la injusticia. Las cinco conversaciones, y los principios y prácticas integrados en ellas, pueden servir como piedras angulares de un compromiso de por vida con la justicia social.

La audiencia principal de *¡Levántate!* es la gente que se siente frustrada por lo que está sucediendo en el mundo y quiere involucrarse más para lograr un cambio. El libro también tiene un mensaje para las personas que lideran la comunidad, el trabajo, y otras organizaciones de justicia social. Es un argumento que debemos rediseñar la arquitectura del cambio social en los Estados Unidos. Las organizaciones que deberían ser nuestras herramientas para construir vidas mejores esperan muy poco de nosotros. Con demasiada frecuencia actúan como si viviéramos en una sociedad pos racial. Ellos caminan sobre la superficie, en lugar de participar en conversaciones reales sobre raza, género, clase, e identidad que son necesarias para generar confianza para que las personas puedan trabajar juntas a través de las diferencias. Ignoran nuestra espiritualidad y nuestra búsqueda de propósito y pertenencia, y se imaginan equivocadamente que querer más dinero o lo que el dinero compra es lo único que nos motiva. Demasiadas organizaciones asumen que tomar "acción" en línea o hacer una pequeña donación es lo máximo que se les puede pedir a las personas que enfrentan un desastre. Eso nos deja a muchos de nosotros aplaudiendo o criticando desde la barrera. Necesitamos organizaciones que nos pidan que presentemos de manera completa, que nos vean como fines, no como medios para alcanzar una meta, que se organicen en torno a miembros que buscan significado, en lugar de temas que buscan apoyo. Con eso en mente, a continuación se muestra cómo está organizado el libro.

Estructura Del Libro

El Capítulo 1 cuenta una historia corta que resume cómo el marco de las cinco conversaciones en *¡Levántate!* se puede usar para proteger a las personas y las cosas que más nos importan. El Capítulo 2 explica cómo funciona la desigualdad; quién se beneficia de ella; el porqué de las crisis de híper-desigualdad, exclusión racial, y cambio climático son importantes para todas nuestras vidas, y lo que podemos hacer al respecto. Este es el contexto de un mundo en llamas, que hace que responder a los llamados en la puerta para el cambio social y la organización sea de tanta importancia en este momento. El Capítulo 3 muestra por qué luchar con nuestro propósito es un primer paso para convertirse en líderes eficaces para el cambio. Este capítulo está diseñado para ayudarnos a profundizar nuestro compromiso personal con el cambio social y crear organizaciones en torno a las cuales las personas puedan construir sus vidas. El capítulo 4 trata de historias, cómo estar claros nosotros mismos sobre nuestras historias únicas, usamos la narración de historias para construir organizaciones enraizadas en relaciones sólidas, y nos organizamos para contar historias nuevas que allanan el camino para una mayor justicia racial y económica. El Capítulo 5 se enfoca en encontrar y mantener un equipo con el que podamos trabajar para cambiar el mundo. El Capítulo 6 explica las conversaciones que podemos usar para construir una base de personas de las que somos responsables, que es el trabajo fundamental para atraer a más y más personas al cambio social. El Capítulo 7 trata sobre la emancipación de los poderes existentes. Es una guía para ganar luchas, grandes y pequeñas, y construir un movimiento para revertir la desigualdad y el racismo en la sociedad estadounidense. Incluye una discusión sobre estrategias y tácticas organizativas y ejemplos de campañas (principalmente exitosas). La conclusión discute formas de aplicar las ideas y prácticas en el libro a tu vida y trabajo.

CAPÍTULO 1: RESUMEN DEL MARCO DE LAS CINCO PREGUNTAS

Este breve capítulo ofrece un ejemplo de cómo las cinco conversaciones pueden encajar de una manera clara para ayudarnos a conseguir el cambio que importa tanto para nuestras vidas.

Mi hijo tiene necesidades especiales. Criarlo se ha sentido como un trabajo de organización a tiempo completo para mí y para mi esposa, Julia. Ha inyectado propósito en nuestras vidas. Cuando Isaiah era joven, luchamos con entablar una conversación bidireccional con él, mientras que estas surgían de manera natural con su hermana gemela. Cuando tenía dieciocho meses de edad, después de que uno de los mejores hospitales de niños nos informara que su audición estaba bien, finalmente logramos que le hicieran la prueba correcta, que demostró que tenía problemas de audición. Luego, a la edad de tres años, se le diagnosticó un trastorno generalizado del desarrollo, sin especificaciones adicionales. Eso significa estar en el espectro de autismo. Para obtener la ayuda que necesitaba para aprender a comunicarse y conectarse, tuvimos un sinfín de luchas con las compañías de seguros, escuelas, y hospitales. En un momento, sostuvimos una protesta familiar afuera de la oficina del director de educación especial en Ann Arbor, Michigan. Tomó todo lo que aprendí como abogado de servicio legal y organizador comunitario para criar a mi hijo.

Recibimos mucha ayuda a lo largo del camino. El programa Medicaid de Pennsylvania lo ayudó a obtener sus primeros audífonos (dispositivos de audición). El sistema de Intervención Temprana de Filadelfia le permitió asistir a una escuela para sordos para aprender a entender el lenguaje y hablar. Los médicos y terapeutas nos enseñaron cómo criar a un niño con autismo. Para cuando Isaiah había terminado la escuela primaria y había pasado muchas horas de terapia, se había convertido en un ser social. Todavía él era penoso, pero había aprendido a relacionarse con otras personas y mostrar su mente brillante y su corazón atento al mundo. Aun así, temíamos la escuela secundaria.

Lo que marcó la diferencia y lo ayudó a tener sus mejores años escolares fue un programa especial en la escuela secundaria del vecindario. El programa brindó apoyo intensivo a estudiantes con autismo, a la vez que les posibilitó participar completamente en clases regulares. Pero cuando Isaiah estaba en el séptimo grado, un día llegó a casa de la escuela y me dijo que había escuchado a su maestra y a la asistente de enseñanza hablar sobre los recortes presupuestarios al programa de autismo (A pesar de tener problemas de audición, mi hijo tiene una habilidad especial para espiar las conversaciones de otras personas). Le dijo a su maestra que hablaría conmigo y le dijo que yo era un buen organizador y que podría ayudar. Le di las gracias por el cumplido pero no hice nada al respecto.

Aunque me gano la vida animando a la gente para que se levante y luche por sus familias y comunidades, casi pierdo este llamado en mi propia puerta. Había dado por hecho que mi hijo obtendría lo que necesitaba. Había tirado las invitaciones a reuniones especiales de educación para padres. No podría decirte quién estaba en el consejo escolar.

Una semana más tarde, otro padre envió un correo electrónico solicitando que asistiéramos a la reunión del consejo escolar del día siguiente para hablar en contra de la propuesta presupuestaria. Mientras tomaba un descanso para distraerme de responder al correo electrónico en el trabajo, hice clic en el enlace al documento presupuestario, que mostraba la propuesta de eliminar siete de los doce asistentes dentro del programa. Eso desencadenó la ira que normalmente siento cuando las personas que son débiles o diferentes son objeto de críticas. Pero no le habría echado un segundo vistazo al correo electrónico ni me habría inscrito para hablar en la reunión si Isaiah no me hubiera preparado la semana anterior, si es que él no me hubiera recordado en esencia sobre mi propósito en la vida (primera conversación).

Al día siguiente, me uní a otros seis padres de niños con autismo en mi primera reunión de la junta escolar en mi condado. La mayoría de nosotros nos conocimos por primera vez mientras esperábamos para testificar. Escribí notas sobre lo que diría y puse el papel doblado en mi bolsillo. Se quedó allí. Escuchamos a los padres de un programa preescolar que enfrentaba un aumento en la matrícula. Tenían camisetas que combinaban con su mensaje y contaban historias sobre lo que los costos más altos significarían para sus hijos. Entonces el empleado administrativo anunció que el tiempo para dar testimonio público había terminado. Ni uno de los padres del programa de autismo tuvimos la oportunidad de decir una sola palabra.

En mi primer trabajo como organizador comunitario, pasé los días hablando con padres sobre lo que esperaban de sus hijos y qué pensaban de las escuelas públicas de su vecindario. Tenía veintitantos años y sabía muy poco sobre ser padre. Mamie Nichols, una renombrada líder del vecindario en Filadelfia, me dijo que había dos sistemas a los que nunca debes confiarles a tus hijos: el sistema escolar y el sistema de salud. Tienes que estar atento a ambos. No entendí completamente lo que quería decir hasta que tuve mis propios hijos, especialmente uno con necesidades especiales. Y luego entendí.

Aprendí como organizador que permitir que padres hablaran individualmente en las reuniones de la junta escolar era un potencial desastre. Un padre tras otro sube al micrófono, cuenta una historia desgarradora y luego se encuentra con un silencio de ultratumba por parte de los miembros de la junta. Siguiente. Siguiente. Siguiente. Sin embargo, años más tarde, sentado en la reunión de la junta escolar en mi propia ciudad, me sentí decepcionado por no poder hablar sobre los recortes al programa de mi hijo. Se sentía como si estuviéramos decepcionando a nuestros hijos.

Entonces oí la voz en mi cabeza que decía: cada problema tiene una solución. Recordé que era un organizador. Les pedí a los otros padres que se reunieran conmigo en el pasillo. Formamos un círculo y comenzamos una ronda de presentaciones, que incluía contar nuestras historias. Esas historias que compartíamos (segunda conversación) marcó la diferencia. Una madre contó que su hijo había amenazado con suicidarse en su escuela anterior, donde prácticamente estaba siendo castigado por ser autista. Pero ahora que estaba en el programa de autismo, finalmente estaba bien, debido a la ayuda de asistentes y un maestro que entendía lo que significaba estar en el espectro del autismo. Cuando todos tuvimos la oportunidad de hablar dentro del círculo, experimentamos emociones que comenzaron a unirnos. Estaba claro que teníamos mucho en común y teníamos mucho en juego para detener los recortes presupuestarios.

Le pedí a la gente que hiciera dos cosas: uno, venir a mi casa la semana siguiente para una reunión con los padres, y dos, volver a la reunión de la junta, esperar hasta que terminara y luego pedirle una reunión al presidente de la junta escolar. Durante las siguientes seis semanas, de ocho a diez, los padres se reunieron semanalmente en nuestra casa. Nos convertimos en un equipo (tercera conversación).

Bebimos juntos y compartimos historias sobre nuestros hijos que nos hicieron llorar. Publicamos un breve informe sobre la historia del programa de autismo. Aprendimos que el programa existía porque los padres lo habían exigido. Les molestaba que sus hijos estuvieran aislados en aulas de educación especial, un problema que todavía es demasiado común.

Antes de que el Congreso aprobara la Ley de Educación para Individuos con Discapacidades (IDEA, por sus siglas en inglés) en 1975, la mayoría de los niños con discapacidades fueron excluidos de la educación pública. Eran colocados en instituciones o centros de educación especial, donde recibían poca o ninguna instrucción. A través de IDEA, el Congreso creó el derecho a una educación pública gratuita y apropiada para estudiantes con discapacidades. Pero proporcionó solo parte de la financiación. Esto hace que los programas de educación especial sean un objetivo constante de recortes presupuestarios por parte de los distritos escolares locales. Sin pretenderlo, nos unimos a una larga historia de organización contra la segregación de personas con discapacidad. Y nos enfrentamos al desafío estructural de cómo se financia la educación especial en los Estados Unidos.

Lo siguiente que hicimos fue construir una base (cuarta conversación). Nos pusimos en contacto con otros padres, comenzando con aquellos que se verían directamente afectados por los recortes presupuestarios propuestos. Nuestra primera acción pública fue enviar una carta a la junta escolar firmada por más de la mitad de las sesenta familias con niños en el programa de autismo. Pero sabíamos que necesitábamos una base más grande para ganar. Entonces comenzamos a tener conversaciones con padres de niños en otros programas de educación especial. Cambiamos la forma en que hablamos sobre lo que queríamos dejar en claro que estábamos en solidaridad con los padres cuyos hijos necesitaban diferentes tipos de servicios. Más tarde, cuando la pelea se intensificó, organizamos una petición por Change.org que firmaron más de mil personas. El sitio de la petición no solo enviaba correos electrónicos a cada uno de los miembros de la junta escolar cada vez que alguien firmaba, sino que los comentarios que dejaban los que firmaban nos ayudaban a identificar a las personas que podían testificar en las audiencias. El apoyo de los vecinos, muchos de los cuales no sabían que teníamos un hijo en educación especial, nos conmovió.

Empezamos a involucrar a los poderes existentes (quinta conversación). Nos reunimos muchas veces con cada miembro de la junta y con el personal clave del distrito escolar. Después de que el presidente de la junta escolar nos dijo que no revertirían los recortes presupuestarios, lo hicimos públicos. Cambiamos nuestro mensaje. Habíamos hecho que los argumentos de política sobre el programa fueran un éxito que le ahorró al distrito dinero que de otro modo habría gastado enviando a niños con autismo a escuelas privadas. Ahora presentamos un mensaje contundente de que la junta estaba molestando a los niños con autismo. Celebramos una manifestación en las gradas del distrito escolar. Básicamente, tomamos por completo de una reunión de la junta escolar para contar nuestras historias. Hicimos de los recortes al programa de autismo un problema en la elección de la junta directiva escolar que se llevaba a cabo en ese momento. Generamos mucha cobertura por los medios de comunicación locales, incluida una historia en las noticias de la noche en la que mi hijo se "declaró" públicamente como autista.

En un momento, un miembro de la junta escolar que estaba indeciso nos llamó para ver si estaríamos dispuestos a llegar a un acuerdo. El grupo inicialmente se dividió sobre cómo responder a la oferta. Pero el trabajo que habíamos hecho para generar confianza nos ayudó a llegar a una decisión en grupo de seguir luchando para eliminar todos los recortes presupuestarios.

Más tarde en la primavera, después de presenciar a la junta escolar votar cuatro a favor y uno en contra para restaurar la financiación total del programa, nos quedamos reunidos afuera del edificio del distrito escolar por casi una hora, celebrando y contando historias. Era tarde, y todos teníamos que llegar a casa para acostar a nuestros hijos, pero la influencia de la comunidad que habíamos creado juntos era fuerte. Seis semanas antes, éramos desconocidos; ahora nos preocupamos unos por otros. Por primera vez, sentí que pertenecía al lugar donde vivía. Y me alegré de poder responder al llamado en la puerta que hizo mi hijo.

Nuestra lucha para salvar el programa de autismo fue un pequeño ejemplo de lo que las personas pueden lograr cuando se organizan. Tomé por sentado la educación que mi hijo recibía porque, en primer lugar, no entendía la historia de los padres que peleaban por el programa. Tampoco sabía acerca de la dinámica política en el distrito escolar que ponía en riesgo la educación de mi hijo. Todos tenemos luchas como ésta que deben llevarse a cabo en las comunidades en las que vivimos. Nuestra capacidad para solucionar problemas cerca de casa es la base de una democracia en acción. Al mismo tiempo, estamos en, o debemos estar en, batallas más grandes con intereses más arraigados y poderosos. Ya sea que intentemos detener los recortes presupuestarios en nuestras comunidades, salvar al planeta de la ruina, o poner fin a las políticas que crean incentivos financieros para poner a más y más personas de color tras las rejas, debemos ser claros sobre a qué nos enfrentamos y lo que tomará para prevalecer. De eso trata el próximo capítulo.

CAPÍTULO 2: UN MUNDO EN LLAMAS – ¿QUIÉN SE BENEFICIA DE LA INJUSTICIA Y QUÉ PODEMOS HACER?

Para detener una injusticia, primero tenemos que entender quién se beneficia de ella. El sufrimiento humano, la miseria, y la opresión que recaen sistemáticamente sobre las personas en función de su clase, raza, sexo, orientación sexual, religión, o discapacidad no son accidentes. A pesar de lo que a menudo se nos dice, y tal vez queremos creer, la desigualdad social extrema ocurre por diseño. Es el resultado de decisiones conscientes que promueven las ganancias, el estatus, y el poder de algunas personas sobre lo que es bueno y necesario para la gran mayoría de nosotros.

Cuando algo es por diseño, se puede cambiar. La pregunta más importante que enfrenta cualquier comunidad o sociedad es cuánta desigualdad tolerará. La respuesta está en nuestras manos. Es el resultado de la lucha política. Pero esa lucha nunca se trata solamente sobre quién obtiene qué o quién puede beneficiarse del trabajo de los demás. Regresamos a la pregunta de qué humanidad es la que se da por sentada y quién tiene que luchar para vivir una vida digna. Esta es la razón por la cual salir al frente, afirmar tu humanidad y forzar a la sociedad a reconocerla, ha sido parte de cada lucha social en la historia y por qué involucrarse en el cambio social es tan importante para realizar tu propósito en lugar de ser un peón en la imaginación de otra persona.

Este capítulo explica por qué aumenta la desigualdad racial y económica, quién se beneficia de ella y qué se requiere para cambiar el rumbo. La primera sección del capítulo proporciona un marco simple sobre cómo funciona la desigualdad y cómo puede desmantelarse. La segunda sección proporciona una breve descripción de la lucha histórica por la justicia racial y económica en los Estados Unidos y la reacción violenta que hemos experimentado en las últimas cuatro décadas. La tercera sección da un resumen del momento difícil en el que estamos hoy, con la desigualdad, el racismo, y el cambio climático alimentándonos unos a otros. La sección final discute cómo podemos romper ciclos viciosos como en el que nos encontramos actualmente. El capítulo proporciona el contexto para los principios y las prácticas en el resto del libro y una forma de pensar que puede utilizarse para llegar a las causas fundamentales de las injusticias en nuestras comunidades. Un punto principal es que debemos ser brutalmente honestos acerca de lo que nos enfrentamos, pero también tenemos que tener claro nuestro poder para crear un mundo en el que todos estén incluidos y puedan prosperar.

Cómo Funciona La Desigualdad

Encontré el libro de Doug Massey *Categorically Unequal: The American Stratification System* (Categóricamente desigual: El sistema de estratificación estadounidense) útil para aclarar cómo funciona la desigualdad y por qué es tan difícil luchar contra ella. Massey dice que la cantidad y el carácter de la desigualdad varía según las sociedades y la historia humana, pero que siempre "se resume" a dos pasos básicos. Primero, las sociedades ubican a las personas en grupos sociales según las características con las que nacieron (por ejemplo, color de piel o sexo asignado al nacer) o adquieren durante sus vidas (por ejemplo, dónde viven o qué trabajo desempeñan) y clasifican estos grupos en una escala de valor. Estos grupos sociales y su clasificación siempre son fundamentalmente arbitrarios. En segundo lugar, las sociedades distribuyen recursos, oportunidades, y autoridad en función de las categorías sociales. Este proceso de dividir y distribuir funciona solo si suficientes personas creen que los grupos sociales en los que ellos y otros han sido colocados y clasificados son naturales y que la desigualdad es un resultado lógico de las diferencias humanas.[11]

Cuando nos detenemos y nos ponemos a pensar, sabemos que esto no es verdad. Sabemos que cada ser humano es único. Entendemos ética y emocionalmente que las personas tienen dignidad intrínseca. Pero ver a las personas como individuos valorados requiere energía, especialmente cuando nos sentimos inseguros o asustados. Nuestros cerebros están programados para tomar atajos. Usamos categorías e historias simples para dar sentido a situaciones complejas. Contra toda evidencia de variación humana, tomamos el atajo mental de categorizar personas en grupos. Una vez que conocemos el marcador grupal de una persona, raza, género, religión, vecindario, trabajo, creemos que conocemos la historia de esa persona.

Nuestra tendencia humana a categorizar nos convierte en blancos fáciles de la falsa idea de que no solo las categorías sociales son reales, sino que algunos grupos son más dignos que otros. Ellos pueden ser clasificados. Esta "jerarquía del valor humano" es una fuente de gran parte del dolor y el sufrimiento en las sociedades humanas. Una vez que la humanidad de un grupo de personas se ve disminuida o eliminada, es posible explotarlos y negarles lo que necesitan para prosperar. El genocidio y la esclavitud son los ejemplos más extremos. La riqueza de los Estados Unidos se acumuló en base a las tierras hurtadas de los indígenas norteamericanos y el trabajo robado a los esclavos africanos y sus descendientes. Para justificar este robo, los cultos y teólogos más distinguidos de su tiempo difundieron ideas absurdas sobre la inferioridad de las personas en función del color de su piel. Después de la abolición de la esclavitud, los elitistas blancos aún necesitaban trabajadores agrícolas con salarios bajos para mantener sus fortunas. Todavía querían evitar que los trabajadores blancos y negros se aliaran. Se basaron en las mismas ideas falsas acerca de la raza para disponer dónde y bajo qué circunstancias los afroamericanos podían trabajar, vivir, viajar, y estudiar. Incluso replicaron una nueva versión de la esclavitud a través de programas de arrendamiento para criminales.

Unos cuantos elitistas obtienen la mayoría de los beneficios de la discriminación racial. Como explica Ibram X. Kendi en La historia definitiva de las ideas raciales en Norteamérica *(Stamped from the Beginning: The Definitive History of Racist Ideas in America)*, el racismo no es el desafortunado resultado de las ideas ingenuas. Lo contrario es cierto. Los elitistas producen ideas racistas sobre la superioridad humana y la inferioridad para justificar la opresión racial. El racismo es tan perjudicial porque alimenta un círculo vicioso. Cuando las personas son excluidas de los recursos y se les niega una voz, se refuerza la creencia de que son menos importantes. A medida que la desigualdad se vuelve más extrema o las personas con privilegios se sienten más amenazadas, se intensifica la culpa de los individuos por un resultado social desigual. Es por eso que la supremacía blanca se extiende en la actualidad en lugar de desvanecerse. No podemos hacer que la sociedad sea más justa y equitativa sin derrotar la idea de que algunas personas valen más que otras, ni erradicar el racismo sin cambiar las reglas económicas y políticas que alimentan su existencia.

Este doble trabajo es lo que queremos decir con el cambio social. Ya sea que se trate de cambio climático, encarcelamiento masivo, violencia con armas de fuego, o el vertiginoso número de otros asuntos que compiten por nuestra atención, el trabajo es el mismo. La organización siempre se hace con dos manos: una con un enfoque en aplastar la mentira de que algunas personas son más iguales que otras y la otra en cambiar las reglas de la sociedad (gobierno y políticas corporativas, convenios colectivos, legislación, y constituciones) para distribuir de manera más equitativa los recursos y oportunidades. Uno de los mejores ejemplos que tenemos de este tipo de lucha que fusionó las demandas de dignidad y equidad económica fue la huelga por el saneamiento de Memphis en 1968.

Soy Un Hombre: La Huelga Por El Saneamiento De Memphis

El 1 de febrero de 1968, Echol Cole y Robert Walker habían terminado de sacar basura de los patios de las familias blancas en East Memphis. Estaba lloviendo fuerte, y viajaban en la parte trasera de un camión de basura decrépito cuando su compactador dejó de funcionar, matándolos aplastados. Diez días después, sus compañeros de trabajo, mil trescientos trabajadores de saneamiento negros abandonaron sus puestos para exigir condiciones de trabajo seguras, salarios dignos, y el reconocimiento del sindicato. Si bien tenían muchos agravios, su demanda subyacente era de ser tratados como seres humanos.

La estructura de poder de la ciudad rechazó la idea de que los hombres negros, que hicieron el trabajo más sucio y peor pagado, pudieran tener un sindicato. El alcalde de Memphis, Henry Loeb, se negó a negociar. El principal periódico de la ciudad estaba a favor del alcalde Loeb. Publicó un torrente de caricaturas y artículos racistas y odiosos contra la huelga. La policía atacó a los trabajadores de saneamiento y sus seguidores mientras marchaban por el centro de Memphis. La policía atacó a toda la comunidad negra, invadió los barrios negros, entró en las casas y golpeó a cualquiera que capturara en las calles.

La violencia policial convirtió una disputa laboral en un movimiento de masas para acabar con la supremacía blanca en Memphis. Los trabajadores de saneamiento comenzaron a llevar letreros grandes que decían: "YO <u>SOY</u> UN HOMBRE". Al igual que el mensaje del movimiento actual *Black Lives Matter*, los letreros concretaron una rebelión del corazón y de los pies contra una vida de deshumanización. El clero se levantó para apoyar a los trabajadores. Las mujeres negras organizaron un *boicot* a los negocios del centro de la ciudad que puso a Memphis de rodillas. Martin Luther King, Jr., se presentó. La huelga se convirtió en un símbolo de su búsqueda para erradicar el pecado de la pobreza de los Estados Unidos en una tierra de abundancia.

El Dr. King fue asesinado en el día número cincuenta y cuatro de la huelga, en su segundo viaje a Memphis para apoyar a los huelguistas. La noche anterior, le había dicho a los trabajadores de saneamiento y sus seguidores: "Como a cualquiera, me gustaría vivir una vida larga. La longevidad tiene su lugar. Pero no estoy preocupado por eso ahora. Solo quiero hacer la voluntad de Dios. Y Él me permitió subir a la montaña. Y he podido echar un vistazo desde ahí. Y he visto la Tierra Prometida. Puede que no llegue allí con ustedes. Pero quiero que sepan que esta noche, como pueblo, llegaremos a la Tierra Prometida. Y estoy feliz, esta noche. No estoy preocupado por nada. No le temo a ningún hombre. Mis ojos han visto la gloria de la venida del Señor".[12] Sin embargo, incluso con la sangre de King en manos de la ciudad, el alcalde Loeb se negó a doblegarse. Pasaron otras dos semanas, y la presión por parte de la devastada Coretta Scott King, antes de que Memphis finalmente reconociera el derecho de los trabajadores negros a tener un sindicato.

No fue un accidente que los trabajadores de saneamiento comenzaron su huelga para renegociar su contrato de trabajo con la ciudad de Memphis y terminaron marchando con los carteles de YO SOY UN HOMBRE. Los blancos en Memphis se referían a los trabajadores de saneamiento negros como zopilotes. La experiencia de ser tratado como menos que humano era inseparable de los salarios de pobreza y las condiciones de trabajo que amenazan la vida. Los trabajadores de Memphis se rebelaron contra un sistema de castas, una falsa jerarquía de valor humano, expresamente diseñado para mantener un gran grupo de trabajadores negros y blancos de bajos sueldos en el sur de los Estados Unidos (el Sur).

Los dueños de vivienda blancos del Sur habían puesto en marcha los elementos más duros de *Jim Crow* para mantener los salarios bajos con el propósito de aplastar la organización interracial entre los granjeros blancos y negros. Como Martin Luther King, Jr. explicó en su discurso al concluir la marcha de Selma a Montgomery en 1965, Cuánto tiempo más, no mucho más (*How Long, Not Long*), "Para enfrentar esta amenaza, la aristocracia sureña comenzó inmediatamente a diseñar este desarrollo de una sociedad segregada... trazaron leyes que hacían un delito que los negros y blancos del Sur se unieran como iguales en cualquier nivel. Y eso lo logró. Eso paralizó y finalmente destruyó el Movimiento Populista del siglo XIX".[13]

Las ideas sobre la inferioridad y la superioridad de las personas no tienen que estar escritas en la ley para facilitar la opresión. Antes de la huelga de saneamiento, la ciudad de Memphis categorizó a los trabajadores que recolectaban la basura como empleados por hora "sin clasificación" sin protección del servicio civil. A diferencia de los empleados "clasificados", conductores y supervisores, los trabajadores no clasificados podían ser despedidos sin razón alguna y no se les pagaba si la lluvia impedía la recolección de la basura. Nada en la ley de Memphis decía que los trabajadores negros no tenían derechos, pero el sistema se diseñó de esa manera.

Hoy, los inmigrantes indocumentados enfrentan una explotación similar. Supuestamente, las leyes racialmente neutrales niegan a los inmigrantes, que son principalmente hombres y mujeres de piel oscura de México y América Central, así como de África y Asia, el estatus legal y los derechos laborales. Las empresas pueden extraer ganancias adicionales del trabajo de estos trabajadores, pagándoles menos y al no proporcionarles beneficios. Podemos ver otra versión de la explotación en la creciente práctica de los departamentos de policía que arrestan más a los negros y latinos por infracciones menores y luego le sacan dinero de sus bolsillos para financiar al gobierno local. Esta fue una queja clave que alimentó la revolución en Ferguson, Missouri. Y fluyó directamente de los exitosos esfuerzos de Rex Sinquefield, un multimillonario de Saint Louis, para limitar la capacidad de los gobiernos locales en el estado para recaudar fondos a través de impuestos a la propiedad. Debemos mirar más allá de las reglas oficiales a los resultados reales. Si la oportunidad y la opresión se distribuyen a lo largo de una línea de color, entonces vivimos en una sociedad de castas, en la que todos están en algún lugar dentro de la jerarquía.

Privilegio Blanco

Uno de los privilegios de ser blanco en la sociedad estadounidense es la capacidad de imaginar que vives fuera de una jerarquía racial. Las personas que son blancas pueden caer en la trampa de actuar como si la raza se tratara, solo de personas que están marginadas. Sin embargo, todos nosotros estamos ubicados en algún lugar de la escala del valor humano que estructura la sociedad. Se aplica a todos, ya sea que estén en la parte inferior, central o superior. Es importante reconocer dónde te encuentras, especialmente si estás en el extremo ganador de un campo desigual. Las personas que pueden ingresar a una habitación y ser vistas y respetadas por su aspecto llevan consigo un valioso privilegio no declarado. Se requiere un trabajo duro y persistente para revelar y eliminar este privilegio en nuestras organizaciones y en la sociedad. Las ideas erróneas sobre el valor humano, sobre los productores y usurpadores, sobre quién es perezoso y quién trabaja duro, están profundamente arraigadas no solo en nuestra cultura, sino también en nuestras mentes y relaciones con los demás. Crean muros invisibles con los que algunas personas chocan mientras que otros los atraviesan.

Nada de esto le quita la importancia de la identidad cultural a nuestras vidas. El problema surge cuando clasificamos grupos o imaginamos que las categorías sociales son inmutables. Las ideas sobre el valor humano son fluidas, cambiantes y pueden contrarrestarse. Pero este es uno de los trabajos de cambio social más difíciles. La gente luchará hasta la muerte para mantenerse en su lugar dentro del orden social, incluso si está cerca del fondo. Los elitistas han usado la raza por mucho tiempo para dividir y controlar a la gente trabajadora. Le han otorgado a los blancos pobres pequeños privilegios y la idea de que, sean cuales sean los problemas que enfrentan, pueden saber que al menos están mejor en el orden jerárquico que las personas de color. Esta es también la razón por la cual las personas que desafían a la jerarquía, quejándose de su lugar asignado o viviendo sus vidas como les parezca, a menudo se topan con la violencia.

Cómo Llegamos Aquí Estructuras De Oportunidad

Cuando decimos que las personas tienen el poder de reconstruir a la sociedad, tenemos mucha evidencia histórica. Uno de los mejores ejemplos es el período de cincuenta años que siguió a la Primera Guerra Mundial. Durante estas décadas, la organización sindical, una revolución en la política federal, el crecimiento económico y el Movimiento por los Derechos Civiles se reforzaron para reducir la desigualdad en los EE. UU. Este progreso social fluyó directamente de la organización dirigida por mujeres y hombres que luchaban por su propia libertad.

En La Capital en el siglo XXI (*Capital in the 21st Century*), James Piketty explica que la disminución de la desigualdad económica en los Estados Unidos y Europa Occidental durante este tiempo no tenía precedentes. La desigualdad había aumentado constantemente a lo largo de los siglos XVIII y XIX. Pero se redujo drásticamente después de la Primera Guerra Mundial. Piketty dice que esta reversión fue el resultado de una combinación de (1) choques causados por las dos guerras mundiales y la Gran Depresión, que aniquilaron las herencias de muchas familias ricas, y (2) las políticas que Estados Unidos y otros países desarrollados adoptaron para reducir la desigualdad. Estas políticas fueron el fruto de una implacable labor y organización de los derechos civiles. Incluyeron impuestos progresivos, programas de bienestar social, negociación colectiva, e inversiones masivas en la educación.[14]

Sin embargo, muchos programas federales que ayudaron a las personas trabajadoras a elevar sus niveles de vida y a construir sus riquezas, desfavorecían a los afroamericanos. Los estados sureños ganaron provisiones en leyes de la Seguridad Social, salarios y horarios laborales que excluían a los trabajadores domésticos y agrícolas, que eran predominantemente personas de color. Los programas federales de vivienda subvencionaron la propiedad de vivienda pero permitieron que los agentes inmobiliarios mantuvieran a las familias negras alejadas de los suburbios en crecimiento, encerrándolas en viviendas de alquiler de alto precio en ciudades segregadas. Como Ta-Nehisi Coates muestra en su artículo "El caso para las reparaciones" *(The Case for Reparations)*, estas políticas no, solo han perjudicado a los afroamericanos; han permitido a los elitistas blancos generar enormes beneficios económicos como resultado a la discriminación de vivienda, el *blockbusting* y el acceso a la mano de obra barata.[15]

Mi familia se benefició de las estructuras de oportunidad de dos niveles creadas durante los años anteriores y posteriores a la Segunda Guerra Mundial. Mis abuelos vinieron a los Estados Unidos en la década de 1910, huyendo de la opresión religiosa en Europa del Este. Como muchos judíos que inmigraron durante estos años, tenían poca educación y pocos recursos. Se instalaron cerca de los puertos de la costa Este a través de los cuales habían entrado, felices de estar a salvo. Tuvieron la buena fortuna de llegar justo antes de que las fuerzas antiinmigrantes lograran cerrar las puertas a Estados Unidos en un esfuerzo por mantener el país anglosajón. En los años posteriores a la Segunda Guerra Mundial, a los judíos de piel blanca, italianos e irlandeses se les permitió "convertirse" en blancos. Las políticas federales de vivienda, carreteras, y educación les permitieron comprar casas en los suburbios, asistir a la universidad, y disfrutar de los privilegios económicos y sociales de la identidad blanca en la sociedad estadounidense y pasar a la clase media.

Pude experimentar por primera vez la intersección de la historia, la clase social, y la raza al tratar de dar sentido a las diferencias en cómo las personas actuaban en la familia de mi papá. Mi papá era uno de seis hijos, cinco niños y una niña. Su familia tenía una tienda de sombreros y perdió su casa por una ejecución hipotecaria durante la depresión. Sus tres hermanos mayores lucharon en la Segunda Guerra Mundial y volvieron a trabajos de clase trabajadora. Su hermana, que estaba discapacitada, trabajó en el mostrador de una tienda de ofertas hasta su vejez. Mi papá y su hermano menor eran demasiado jóvenes para luchar en la Segunda Guerra Mundial, pero tenían la edad perfecta para beneficiarse de la estructura de oportunidades de la posguerra. Fueron a la universidad y consiguieron un posgrado. Mi papá se hizo un juez y su hermano un banquero.

La trayectoria de mis padres hacia una vida segura en la clase media, y las puertas que abrieron para mí y mis hermanos, fueron a beneficio de su piel blanca y políticas que hicieron posible que las personas que alcanzaron la mayoría de edad durante este período en la historia de EE.UU. pudieran obtener una medida de prosperidad. Mis padres se vieron a sí mismos viviendo a la sombra del Holocausto. Nos enseñaron a mis hermanos y a mí las consecuencias catastróficas de no tener poder. Estaban orgullosos cuando su rabino fue al Sur a marchar con el Dr. King. Su experiencia vivida y la esperanza que habían visto en el Movimiento por los Derechos Civiles les hicieron creer que las cosas seguirían mejorando. Que las barreras raciales y de género continuarían cayendo.

Pero esa creencia en el progreso resultó ser incorrecta. Por razones históricas muy específicas, la movilidad social y el progreso racial se paralizaron a principios de los años setenta. El Movimiento por los Derechos Civiles desmanteló la arquitectura legal de la segregación. Quemó un compromiso con la justicia racial en los corazones de millones de personas de todas las razas. Nos dio modelos de acción colectiva en los que aún confiamos. Pero dejó en su lugar las consecuencias económicas y humanas de siglos de explotación y discriminación, no solo la gran brecha en la riqueza familiar sino también una serie de fallas raciales que atraviesan la imaginación y las instituciones de la nación: partidos políticos, sindicatos, agencias gubernamentales, organizaciones de defensa, y medios. Esas divisiones abrieron la puerta a un esfuerzo sostenido para hacer retroceder las victorias en materia de bienestar social, trabajo, y derechos civiles que habían permitido a tantos estadounidenses alcanzar la seguridad económica.

Reconcentrar La Riqueza Y El Poder

Siete meses después de que terminó la huelga de Memphis, Richard Nixon fue elegido presidente y la reacción en contra del Movimiento por los Derechos Civiles comenzó en serio. Nixon, seguido por Reagan y una generación de operativos políticos, usaron un lenguaje codificado de "silbido de perro" como "transportación forzada", "duro contra el crimen", "guerra contra las drogas" y "reinas del bienestar" para hablar de las ansiedades raciales de votantes blancos.[16] No solo movilizaron a los blancos para oponerse a la igualdad racial, asociaron la mayoría de la acción del gobierno, desde la asistencia social a la inversión en la educación y a los impuestos, como programas que benefician a negros y latinos sobre los blancos, en lugar de revertir estos esfuerzos para dividir a las personas por raza, muchos políticos democráticos hicieron lo mismo. Por ejemplo, Bill Clinton usó apelaciones codificadas en torno a la asistencia social y la delincuencia para tratar de aferrarse a los votantes blancos de la clase trabajadora.

El cambio hacia la derecha en la política estadounidense no fue el resultado de la manipulación por parte de los candidatos presidenciales y los agentes políticos. Como Lisa McGirr muestra en su libro Guerreros Suburbanos: Los orígenes de la nueva derecha estadounidense

(*Suburban Warriors: The Origins of the New American Right*), el cambio también fue impulsado por un movimiento conservador de base. Este movimiento ganó fuerza en los suburbios en auge y más allá de los suburbios en el Sur y el Oeste en lugares como el condado de Orange en California (en donde se basa el libro de McGirr). Estas áreas habían prosperado irónicamente de la inversión federal en las carreteras, la vivienda, y la industria de defensa de la Guerra Fría. Los residentes blancos de clase media encontraron comunidad y propósito en organizaciones derechistas e iglesias evangélicas. Algunas personas que se volvieron políticamente activas fueron motivadas por el resentimiento de la creciente influencia del gobierno federal en los asuntos locales, otros por sus preocupaciones sobre el aborto y la homosexualidad, y muchos por la ansiedad racial sobre la ley y el orden. Lo que combinaron fue el odio al liberalismo como una amenaza a su forma de vida: un recordatorio de que para bien o para mal, los movimientos más poderosos proporcionan no solo una salida para la ira sino una forma de dar sentido al mundo que da forma a nuestras vidas.[17]

El impacto que los guerreros suburbanos de McGirr tuvieron en la sociedad estadounidense fue magnificado por un puñado de las familias más ricas y las corporaciones más grandes de los Estados Unidos. En 1971, Lewis Powell (quien Nixon más tarde nombró a la Corte Suprema) escribió un memorando a la Cámara de Comercio de los Estados Unidos. Instó a los CEO a salir de los márgenes e invertir su dinero y tiempo en la construcción de instituciones para defender el sistema de libre empresa, que es lo que hicieron. En los años posteriores al memorando de Powell, un pequeño grupo de multimillonarios, incluidos David y Charles Koch (petróleo, gas y productos químicos), Richard Mellon Scaife (banca y petróleo) y Joseph Coors (cerveza), construyeron una red de centros de investigación, organizaciones de políticas y cabilderos, junto con estaciones de radio y televisión. Estas instituciones unieron a los activistas de base y los conectaron con ideas que darían forma a cómo millones de estadounidenses vieron el mundo.

Las instituciones creadas a raíz del memorando de Powell adelantaron una generación de políticas públicas que concentraron la riqueza y la influencia en manos de un pequeño número de personas adineradas y grandes corporaciones. Redujeron las tasas impositivas federales para los estadounidenses más ricos y redujeron los ingresos disponibles para el gobierno en todos los niveles. Quitaron los topes de ganancia a las tasas de interés, allanando el camino para una explosión en el día de pago y otros préstamos depredadores. Esto absorbió la inversión fuera de la fabricación y otras actividades productivas. Las leyes comerciales, respaldadas por ambas partes, permitieron a las empresas multinacionales enviar inversiones y empleos al extranjero. Esto dejó un legado de fábricas vacías y calles principales ahuecadas en el Medio Oeste y el Sur.

Los líderes corporativos que soñaban con riqueza y poder ilimitados jugaron un largo juego. Entendieron que reducir los costos laborales y regulatorios y difundir su producción en todo el mundo solamente era sostenible si inclinaban el campo de juego democrático en los Estados Unidos. Utilizaron los tribunales para eliminar casi todas las restricciones sobre el gasto de dinero para influir en las elecciones. Utilizaron el *gerrymandering*, o manipulación de circunscripciones, racial para agrupar a los afroamericanos en el menor número posible de distritos electorales y leyes de identificación de votantes para crear un impuesto de votación moderno para disminuir la votación entre las personas con menos recursos. Destruyeron las leyes que permitieron a los trabajadores organizarse, llevando a los sindicatos del sector privado al borde de la extinción, y luego organizaron una campaña sostenida para destruir los sindicatos del sector público. Para el año 2015, el porcentaje de trabajadores estadounidenses que podían negociar colectivamente, un derecho que el Dr. King murió al tratar de avanzar, había descendido del 28 por ciento en 1968 a solo el 11 por ciento.[18]

En 2016, solamente los hermanos Koch tenían 1,200 empleados en 107 oficinas en todo el país. Gastaron casi mil millones de dólares al año para abogar por políticas de bajos impuestos, baja regulación, antidemocracia que apoyan sus inversiones en petróleo y gas y la especulación financiera.[19] Art Pope, uno de los hombres más ricos de Carolina del Norte, gastó decenas de millones de dólares en un esfuerzo de una década para tomar el control de la legislatura estatal y la mansión del gobernador.[20] Las familias adineradas y las organizaciones políticas nacionales financiadas por corporaciones han seguido el mismo libro de jugadas en cada estado. Han gastado cantidades masivas de dinero en política y han creado nuevas organizaciones diseñadas para dar forma a la opinión pública y ganar elecciones. Han ganado cambios en las políticas que limitan las votaciones, reducen los impuestos, y recortan el gasto en servicios sociales y educación.

Gran parte de lo que experimentamos como inquietante en nuestras vidas, inseguridad laboral, recesiones más profundas, más deudas, tensión racial, desinversión extrema en algunas áreas, y gentrificación rápida en otras, y política de estilo de entretenimiento polarizado, fluye de los cambios ganados por el movimiento conservador a través de los últimos cuarenta años. Estos cambios se realizaron para beneficiar a un pequeño número de personas extremadamente ricas. Se lograron al hacer que nuestras instituciones políticas fueran menos democráticas y al cambiar nuestra cultura y cómo nos vemos y relacionamos unos con otros. Como resultado, hoy nos encontramos en un círculo vicioso de creciente desigualdad, racismo, y cambio climático que requerirá un esfuerzo extraordinario para revertir.

Un Círculo Vicioso: Desigualdad Económica

Estados Unidos es ahora el país desarrollado más desigual del mundo. La desigualdad vuelve a niveles que no se habían visto en cien años. El 10 % superior de los asalariados ahora captura más de la mitad de los ingresos que se producen cada año. Los altos ejecutivos de las empresas estadounidenses consumen una parte cada vez mayor de los salarios y salarios totales pagados por sus empresas. Los ejecutivos de las empresas más grandes del país ahora ganan trescientas veces más que sus trabajadores con un salario medio ($16 millones en comparación con $53,000). La brecha era solo de veinte a uno en 1965.[21] Toma a un CEO típico menos de dos horas para ganar lo que ganan sus empleados de salario mínimo trabajando a tiempo completo durante un año, es decir, más de dos semanas para superar una vida de trabajo con salarios bajos. James Piketty dice que a medida que los CEO continúen acumulando enormes fortunas, pronto regresaremos a un momento en que la mayoría de los ricos deben su lugar privilegiado en la sociedad a haber heredado fortunas.[22]

Pero la desigualdad asombrosa no ha cambiado las cosas solo para los ricos. Ahora tenemos el nivel más bajo de movilidad social de cualquier país desarrollado. "Los ingresos de los padres se han convertido en un predictor casi perfecto del acceso a la universidad" en los Estados Unidos, según Piketty.[23] Y es probable que la movilidad social disminuya aún más a medida que los costos de la educación superior se trasladan cada vez más del gobierno a los estudiantes y las familias. Hoy en día, los jóvenes en los Estados Unidos tienen menos posibilidades de mejorar su situación económica que sus padres en comparación con sus generaciones anteriores o sus equivalentes en cualquier otro país desarrollado. Las implicaciones del análisis de Piketty para nuestro futuro son aleccionadoras. Él dice que a menos que estemos dispuestos a gravar el capital y hacer inversiones masivas en educación y capacitación, la desigualdad continuará escalando, y nuestra sociedad se volverá cada vez más inestable.[24]

Endurecimiento De La Jerarquía Racial

Estados Unidos se está separando no solo del vaciamiento de la clase media y del creciente abismo entre los ricos cada vez más ociosos y los que trabajan en múltiples empleos. Sí, los trabajadores de todas las razas, incluidos los blancos mayores que viven en la pobreza o cerca de ella, están empeorando su salud y disminuyendo su esperanza de vida. Pero al mismo tiempo, la división racial está creciendo. Esta dinámica está creando confusión y ansiedad que son fácilmente explotadas por charlatanes. La tendencia a enfrentar a personas de diferentes razas unas contra otras no puede superarse sin reconocer que la mayoría de la gente está cayendo en los niveles de vida y que existen cada vez más diferencias raciales. Los afroamericanos y los latinos comenzaron con menos y han sido sometidos a más explotación. La crisis financiera destruyó billones de dólares de riqueza en manos de familias estadounidenses. Pero el mayor daño se les hizo a las comunidades de color. En 2010, el *New York Times* publicó un artículo con el titular "Los negros en Memphis pierden décadas de ganancias económicas" *(Blacks in Memphis Lose Decades of Economic Gains)*. Las familias negras de la ciudad perdieron sus hogares y sus ahorros de vida de forma desproporcionada y la Gran Recesión las arrastró a la pobreza.[25] Las tasas de ejecuciones hipotecarias en Memphis fueron siete veces más altas en los barrios negros que en los blancos. En 2014, la tasa de pobreza en el condado de Shelby, donde se encuentra Memphis, excedió el nivel en el momento de la huelga de saneamiento en 1968. A nivel nacional, en 2013, más de la mitad de todos los hogares negros en los Estados Unidos tenían menos de $11,000 en activos netos; para los latinos, fue $13,700; para los blancos, fue $141,900, con la brecha racial en la riqueza en niveles récord.[26]

Debajo de las disparidades en la riqueza hay disparidades en el valor que se le da a la vida. En 2015, *The Guardian,* un periódico británico, creó *the Counted,* un sitio web que rastrea todos los asesinatos policiales en los Estados Unidos. El número de homicidios en 2016 alcanza 1,093. El sitio señala que "la policía estadounidense mata a más personas en días que otros países en años".[27] Leer las historias relacionadas con cada persona asesinada es triste. Hay historias de cientos de jóvenes afroamericanos y latinos a los que la policía les disparó, pero también muchos blancos, un recordatorio de nuestro destino compartido cuando toleramos la injusticia. Ningún organismo de gobierno de Estados Unidos ha hecho nunca el esfuerzo de recopilar estos datos, un signo de la impunidad agregada a la violencia policial. Entonces, no sabemos si los asesinatos policiales por motivos raciales han aumentado o disminuido. Sí sabemos que el patrón de las disparidades raciales en los homicidios policiales es tan antiguo como el país. Si el número aumenta, no debería sorprendernos. A medida que nuestro país se deshace económica y socialmente, las personas de todas las razas sienten una mayor inseguridad. Podemos anticipar un aumento en el racismo y la violencia asociados con la policía, dónde, cuándo y cómo la gente de color puede moverse en el mundo.

De lo que sí tenemos datos precisos y escalofriantes es de la criminalización masiva de afroamericanos y latinos en los Estados Unidos durante los últimos cuarenta años. Los mensajes de ley y orden utilizados para movilizar a los votantes blancos no eran solo simbólicos. Ayudó a cambiar el papel del gobierno de uno de proporcionar seguridad económica a los trabajadores a uno que supuestamente nos mantiene a salvo del crimen y el terrorismo.[28] Con una disminución en el gasto en la educación llegó la construcción de prisiones. Después de mantenerse estable durante muchas décadas, la tasa de estadounidenses tras las rejas comenzó a dispararse a mediados de la década de 1970. En su libro, El nuevo Jim Crow: Encarcelamiento masivo en la era del daltonismo *(The New Jim Crow: Mass Incarceration in the Age of Colorblindness),* Michelle Alexander muestra cómo el encarcelamiento masivo reemplazó a Jim Crow como una forma de controlar y explotar a los afroamericanos. Entre 1980 y 2015, el número de personas bajo el control del sistema de justicia penal (cárcel, prisión, libertad condicional, y libertad provisoria) aumentó de 1.8 millones a más de 7 millones.[29] Eso es un aumento de cuatro veces, con afroamericanos y latinos arrestados y encarcelados a un ritmo mucho mayor que los blancos por delitos similares. Esta criminalización sin precedentes enredó a una generación de jóvenes de color en el sistema de justicia penal. Uno de cada tres estadounidenses ahora tiene antecedentes penales.[30] Incluso después de que las personas completan sus sentencias, es probable que se enfrenten a una serie de barreras que dificultan la obtención de trabajo y la reintegración en la comunidad.

Una de las tragedias en Estados Unidos hoy en día es la creencia errónea de que la desigualdad racial es una condición triste pero inevitable de nuestra sociedad. Este mito se manifiesta en el tono de lástima que se extiende a través de una cobertura de temas raciales. A pesar de lo que sugieren los medios, tenemos el poder de crear una sociedad en la cual la raza no determina el destino. Terminar con la explotación racial significa superar intereses poderosos que se benefician de la híper segregación de nuestras áreas metropolitanas y nuestra economía de bajos salarios y bajos impuestos. El cambio vendrá del liderazgo de las personas que experimentan más directamente la injusticia, como ocurrió en Memphis y durante los años de los derechos civiles. Entonces y ahora, la elección de los estadounidenses blancos es si van a apartar la mirada con indiferencia o compasión o ser parte de un movimiento compartido para construir una sociedad que no se base en la opresión racial.

Es importante reconocer que lo que estamos experimentando como sociedad no es solo una cuestión de excluir a algunas personas del *Sueño Americano*. La deshumanización comienza con los más marginados, pero inevitablemente se extiende a casi todos nosotros. Entramos a las tiendas y vemos filas de máquinas que han reemplazado a las personas. Nos encontramos en el teléfono en laberintos con autobots tratando desesperadamente de presionar el botón correcto para conseguir a un ser humano. Nuestras vidas y nuestra voluntad en el mundo se devalúan. Y nos volvemos más desconfiados, no solo de las instituciones, sino de los demás. No solo se han privatizado nuestras instituciones públicas, sino también nuestro dolor.

Si evitamos desafiar la idea implícita de que algunas personas valen más que otras, y la explotación que la alimenta, tenemos pocas posibilidades de abordar los demás desafíos que enfrentan nuestra sociedad y nuestro planeta. Es demasiado fácil para quienes se apegan estrictamente al statu quo de utilizar ideas sobre la raza para causar división y así vencer. Y si permitimos que la desigualdad crezca en la trayectoria en que se encuentra, podemos esperar que las justificaciones que culpan a las personas por sus situaciones solo se vuelvan más insidiosas. Eso es lo que hace de este un círculo vicioso que todos tenemos interés en interrumpir. Y es aún más difícil debido a la forma en que la desigualdad económica y el racismo fomentan y se fomentan del cambio climático.

Cambio Climático

Bill McKibben ha inspirado a una generación entera de personas a organizarse en contra del cambio climático. La gente a menudo le pregunta: "¿Cómo puedo prepararme para el cambio climático?" Su respuesta: "Debes vivir en cualquier lugar que cuente con una comunidad fuerte". La siguiente pregunta es, a menudo, "¿Dónde podemos encontrar tales comunidades?" La respuesta de McKibben: "Tú las debes crear".[31] Existen muchas estrategias técnicas para responder al cambio climático, pero todas dependen de nuestra capacidad de organizarnos. Muchas organizaciones de base hoy en día crean modelos e impulso para una respuesta más amplia. Las personas se unen para presionar a sus gobiernos locales y estatales para que sean honestos sobre el impacto actual y la amenaza futura del cambio climático y tomen medidas para mitigar el daño potencial. Estos exigen que sus ciudades requieran que los edificios se adapten para contar con una mayor eficiencia energética, que se fijan plazos para poner fin a su dependencia de la energía sucia, y que se efectúe una transición a compañías eléctricas municipales con operación eco ambiental. Con este fin, los mismos han llevado a cabo campañas corporativas para obligar a las compañías de servicios públicos a agilizar la transición a la energía solar y eólica.

No hace falta ser un genio para entender el tema del cambio climático. La principal razón por la cual la respuesta global y de los Estados Unidos se ha quedado corta se debe a que muchos inversores y directores generales están acumulando enormes fortunas extrayendo carbono. Si las compañías que queman gas, petróleo y carbono tuvieran que pagar por el daño que causan al medio ambiente, muchas de estas sustancias permanecerían en la tierra. En cambio, las compañías de energía reciben casi un billón de dólares al año en subsidios.[32] Tenemos opciones, incluso un impuesto sobre el carbono, que interrumpirían el círculo vicioso del cambio climático. Pero cualquier solución requiere una reestructuración fundamental de nuestra economía. Como Naomi Klein argumenta en Esto lo cambia todo: el capitalismo vs. el clima *(This Changes Everything: Capitalism vs. the Climate)*, una respuesta al cambio climático impulsada por personas es la mejor oportunidad que tenemos para cambiar el poder de los multimillonarios y crear una nueva economía basada en empleos buenos y bien remunerados.[33]

El problema es que las personas, corporaciones, y naciones que actualmente creen que poseen el derecho de extraer combustibles fósiles, sin importar las consecuencias, perderían billones de dólares. No van a renunciar a eso sin una pelea masiva. Entonces, lo que tenemos es una cuestión de poder. ¿Tenemos el valor y el poder político para reestructurar nuestra economía de una manera que salve vidas y comunidades, y tal vez el planeta, incluso si causa que algunas personas pierdan sus sueños de riqueza infinita? Estos son enemigos similares y el mismo desafío al que nos enfrentamos al enfrentar el racismo y crear una sociedad con una economía más igualitaria. Lo que nos lleva de vuelta al tema de la organización y lo que sabemos sobre cómo reemplazar los círculos viciosos con círculos virtuosos.

Salir

Podemos interrumpir los círculos viciosos de desigualdad. Los seres humanos tendemos a juzgar de manera instantánea, pero también estamos programados para resistir la opresión propia y de otros. Cuando vemos la humanidad de los demás y reconocemos que somos parte de la misma familia humana, nos inclinamos hacia la justicia. Esta es la razón por la que "salir", dejarse ver como alguien "totalmente humano", es tan importante para la lucha por la justicia social. Esto es lo que la comunidad LGBTQ hizo para ganar la igualdad matrimonial y cambiar las actitudes de los estadounidenses sobre la orientación sexual y lo que hicieron los trabajadores de Memphis cuando pasaron de ser "zopilotes" a hombres negros en huelga.

Vemos esta demanda de dignidad entre los jóvenes inmigrantes, que han salido como "indocumentados y sin miedo". Han creado la identidad de soñadores, o *dreamers*. Se han arriesgado a la deportación para hacer que las personas vean a los inmigrantes como seres humanos. Han puesto su futuro en peligro para protestar por la hipocresía de depender del trabajo de otras personas y, sin embargo, negar su existencia. Carlos Saavedra, fundador de *United We Dream* (Unidos soñamos) y que ahora lidera Cosecha, cuenta la historia de jóvenes inmigrantes que donaban sangre juntos durante una escasez de sangre en Boston. Crearon una crisis moral sobre si la Cruz Roja rechazaría su sangre simplemente porque no tenían un estatus legal. Obligaron a la gente a ver la humanidad de los inmigrantes y mostraron lo absurdo de un sistema que da la espalda a personas que quieren contribuir a la sociedad.

Los hombres y mujeres anteriormente encarcelados caminan un sendero similar. Establecen una identidad pública como ciudadanos que regresan a la sociedad. Están avanzando para desafiar las políticas que bloquean a las personas con antecedentes penales a obtener empleo, hogares, y a votar. Al igual que los *dreamers*, los activistas LGBTQ y los trabajadores de saneamiento, los ex presidiarios están adoptando una identidad que se usa para justificar la discriminación contra ellos para socavar el estigma y construir un movimiento para cambiar las reglas injustas.

La gente debe ser valiente para enfrentarse a las instituciones y formas de pensar que los han hundido. En uno de los mejores cambios radicales en la Biblia, José, quien fue arrojado por sus hermanos a un pozo para morir y luego encarcelado dos veces, lo sacaron de la cárcel para interpretar los sueños de Faraón. Averiguar el significado de un sueño acerca de siete vacas gordas seguidas por siete vacas flacas y siete espigas llenas de grano, seguidas por siete marchitas en una sociedad agrícola parece fácil. El verdadero desafío de José es emocional. Él es una persona cuya vida ha sido destruida por otros, que ha visto de primera mano cómo se puede aplastar a la gente por decir lo que piensan. Él se encuentra, para citar al Papa Francisco, en el "fondo de la pila"[34], siendo un extranjero criminal encarcelado. ¿Cómo podría reunir el valor para instruir a Faraón para que tome las medidas necesarias para salvar a la sociedad de la ruina? Y sin embargo, eso es lo que José hace. Él no se detiene en el análisis. Le dice a Faraón que el único camino para sobrevivir es reestructurar por completo la sociedad egipcia. Él establece el plan de acción incluyendo un nuevo y masivo sistema tributario. Y por si acaso, José asume la responsabilidad de dirigir toda la operación.

Enfrentados con nuestras propias crisis, podríamos usar una dosis del valor de José. En *Laudato Si'*, el Papa Francisco dice: "Como ocurre a menudo en períodos de crisis profunda, que requieren decisiones audaces, estamos tentados a pensar que lo que está sucediendo no está del todo claro".[35] José no hace nada de eso. Al menos por fuera, tiene la confianza pura de que es posible cambiar todo. Al igual que José, tenemos que resistir la advertencia que sirve como luz verde para que los poderosos nos saqueen. Debemos tener el valor de ver un mundo diferente y traerlo a la existencia.

José es un recordatorio de que aquellos que, como los trabajadores de saneamiento de Memphis, la sociedad mayormente trata de echar a un lado, poseen las llaves de nuestra supervivencia colectiva. José le dice a Faraón que está actuando como un instrumento de Dios, que le ha dado la capacidad de interpretar los sueños. Y debido a que Faraón ve a Dios actuando a través de José, él le confía a este hombre de baja condición social su reino. Este es un ejemplo de cómo la fe puede mediar en el cambio no solo al hacer posible que la gente diga la verdad al poder, sino también al brindar la confianza para creer que el cambio es posible. Martin Luther King, Jr. y el clero en Memphis desempeñaron este papel indispensable en la huelga de saneamiento, y el Papa Francisco está haciendo esto en nuestro tiempo.

El lado positivo en este momento es que en todas partes las personas buscan significado y conexión. La gente se está despertando. Están dispuestos a actuar con valentía. José no solo salvó a Egipto de la hambruna y se elevó de la prisión a la riqueza. Usó su poder para sanar, proteger a su familia de la inanición y llevarlos a vivir en su nuevo país. Su mayor valor no fue pararse frente a Faraón, sino elegir perdonar a sus hermanos por tratar de matarlo.[36] Así como la desigualdad no se trata solamente acerca de quién obtiene qué, pero de quién cuenta, podremos amasar el poder político para cambiar el curso de la historia sólo si cambiamos la forma en que nos vemos y relacionamos unos con otros. Debemos actuar como protectores de nuestros hermanos. Ese es el único camino a la libertad. Pero, al igual que Moisés y los trabajadores de Memphis, debemos estar dispuestos a mantener la presión contra toda oposición. Esto requiere compromiso y claridad de propósito (el enfoque del capítulo 3).

CAPÍTULO 3: EL PROPÓSITO – ¿CÓMO PREPARARTE EMOCIONALMENTE PARA LA BATALLA DE TU VIDA?

¿Por qué dedicar nuestras vidas al cambio social? ¿Seguramente hay un camino más fácil hacia una buena vida?

La gente se involucra en el cambio social por muchas razones. Vemos problemas en nuestra comunidad que deben abordarse. Nos preocupamos por un problema que afecta nuestra vida. Queremos ayudar a otros. Queremos sentir una conexión con las personas. Pero decidir involucrarse más profundamente, asumir el liderazgo o asumir un compromiso de por vida para luchar por la justicia requiere un nivel diferente de motivación. Esta elección es más sobre la emoción que la lógica. La recompensa por profundizar nuestro compromiso es menos sobre un tema específico que la oportunidad de sentirse incluido y respetado, de saber que tenemos importancia y que nuestras vidas tienen un significado. Se trata menos de ayudar a otras personas que de nuestra propia libertad.

La *primera conversación* que nos ayuda a aclarar nuestro propósito es importante porque nos permite unirnos a los demás para enfrentar a las fuerzas más arraigadas de la injusticia. Si sabemos que así es como debemos vivir nuestras vidas, podemos persistir contra la oposición. Podemos motivar a quienes nos rodean. Podemos construir las relaciones profundas y de confianza que la gente necesita para luchar juntos. Es por eso que la primera conversación sobre el cambio social se debe tratar de nosotros mismos y el propósito de nuestras vidas. Uno de los mayores errores que cometen las personas cuando trabajan por la justicia es saltarse su propia revolución interna. El compromiso personal es lo que nos ayuda a superar los obstáculos que acosan incluso a las mejores estrategias de organización, campañas y tácticas.

Este capítulo sobre el propósito tiene tres secciones: la primera analiza el trabajo emocional y espiritual que puede ayudar a aclarar nuestro propósito en la vida y profundizar nuestro compromiso; la segunda sección proporciona consejos prácticos para aplicar lo que hemos aprendido sobre la gestión de nuestras emociones para dirigir reuniones, capacitaciones y eventos que profundizan el compromiso de otras personas y sacar el máximo provecho de ellas; la tercera sección establece un marco para usar estas herramientas de asesoramiento e ideas sobre el compromiso emocional para construir organizaciones y movimientos orientados a objetivos en torno a los cuales las personas puedan dar sentido al mundo y crear vidas significativas.

Aclarar Lo Que Está En Juego

Cuando aprendía a ser un organizador comunitario en Filadelfia, conocí a una mujer llamada Rosie Mateo, ella trabajaba como guardia de cruce en un barrio a donde la gente llegaba para comprar drogas, día y noche. Los distribuidores eran dueños de cada rincón, pero no de ella. Estaba frente a una escuela primaria, donde trabajaba con padres de familia para luchar por una mejor educación para sus hijos. Rosie conocía a todos. No solo detenía el tráfico: abrazaba a los niños y a sus padres cuando cruzaban de un lado de la calle a otro. Ella era un conector humano, el tipo de persona que me enseñaron como organizador a acercarme. En un vecindario donde el tráfico de drogas hacía que la gente temiera abandonar sus hogares, y mucho menos asistir a las reuniones, los padres, cuya confianza yo necesitaba, confiaban en ella.

Pero por más que intenté que participara, y tan a menudo como me dijo que todos los niños de la escuela eran sus hijos, no participó. Vestida con su uniforme de guardia de cruce, se presentaba a las reuniones y se sentaba en la parte de atrás de la habitación. La mayoría de los padres veían a la escuela como un refugio en un vecindario que estaba fuera de control. Querían trabajar juntos para hacer las calles más seguras para sus hijos. Rosie tenía nietos jóvenes que vivían en el vecindario, lo que me pareció bastante interesante. Me frustraba que no se uniera al círculo. Cuando le pregunté por qué, ella dijo que haría cualquier cosa por sus (450) niños que asistían a la escuela, pero estas reuniones eran para los padres, no para ella.

En un momento, sin planearlo, le pregunté a Rosie si tenía miedo. Su primera respuesta fue "No, no". Pero a medida que hablamos, me contó que le asustaba pasar horas en la calle, viendo todo el tráfico de drogas y los disparos. Explicó cómo ningún otro guardia de cruce aceptaría tomar las otras esquinas. Ella lloró, y su miedo me sacudió.

La voluntad de Rosie de ser sincera sobre su propio miedo rompió el muro que había levantado entre ella y los otros padres en la escuela. Una vez que pudo participar por su propio bien, Rosie levantó su silla en la siguiente reunión y nunca miró hacia atrás. Ella siguió hablando de todos sus hijos, pero ahora comenzó a actuar como si su propia vida estuviera en juego. Su ferocidad y devoción ayudaron a poner en movimiento al grupo de padres. Fue increíble ver la energía liberada cuando Rosie se dio cuenta de que estaba en la habitación para su propio bienestar y no solo para ayudar a los demás.

No tenía la claridad para compartir cómo me sentía. Me sentí fuera de lugar, rechazado por los maestros de la escuela y confundido en el vecindario. Pasé caminando junto a madres que empujaban carriolas, jóvenes que vendían drogas, policías y casas quemadas. Constantemente miraba hacia abajo las tarjetas de índice que llevaba para asegurarme de estar tocando a la puerta correcta. Ignoraba los códigos sociales, no estaba seguro de cómo vestirme, me sentí abrumado por las provocaciones y apenas me daba cuenta del privilegio que me permitía flotar dentro y fuera del vecindario. Pero algo me llevó a estar allí, a alcanzar mi meta de veinte reuniones cara a cara cada semana. Quería que esta organización tuviera éxito más que nada. La conversación que tuve con Rosie, y lo que se desbloqueó para ella y lo hizo para el grupo, me ayudó a comenzar a ver que la organización requería algo diferente y más difícil para mí. Yo no estaba allí para ayudar a otras personas. Mi trabajo no era solo, ni siquiera principalmente, encontrar y conectar personas o usar mi cerebro para enseñarles a cambiar las políticas. Comencé a entender que este trabajo de reparar el mundo comenzó a enfrentar lo emocional en nuestros corazones. Y en ese momento, mi corazón era la parte de mí que menos sabía cómo usar.

El avance de Rosie ilustra el papel que juega la emoción para aclarar nuestro propósito y prepararnos para actuar. Rosie tenía que sentir y expresar su miedo antes de poder liderar. Nuestro camino hacia el cambio social no siempre comienza con hechos. Comienza con pesar, la rabia, la ira, el miedo, la desesperación, la tristeza, el amor, la compasión, y todas las otras emociones que nos hacen humanos. Como dijo Mario Sepúlveda sobre su decisión de levantarse y liderar en la mina chilena derrumbada, "en ese momento puse la muerte en mi cabeza y decidí que viviría con ella"[37].

Una de las historias clásicas de cambio social en la Biblia es el esfuerzo de Nehemías por reconstruir a Jerusalén. Nehemías aprende que las personas que permanecen en la ciudad están "en gran problema y vergüenza. El muro de Jerusalén se derriba, y sus puertas son destruidas por el fuego" (Neh.1: 3). Antes de acercarse al rey para obtener materiales para restaurar la ciudad, Nehemías dice: "Tan pronto como escuché estas palabras me senté y lloré y lloré por días y continué ayunando y orando ante el Dios del cielo" (Neh.1: 4). Sintiendo el dolor de una ciudad en ruinas, le da a Nehemías, y por ende a toda la comunidad, el coraje para enfrentar lo que acabaría siendo una oposición violenta. Al igual que Rosie, en lugar de embotellar el dolor y la vergüenza, Nehemías convierte estas emociones en los recursos primarios con los que reconstruye la ciudad.

La experiencia de reconocer nuestro miedo, tristeza, y otras emociones aclara lo que tenemos en juego. Incluso cuando el llamado a la medianoche parece una súplica para ayudar a otra persona, siempre se trata de nuestra propia libertad. Aclaramos nuestro propósito en la vida y el compromiso que surge de esa claridad, al reflexionar sobre lo que personalmente tenemos en juego para cambiar los sistemas injustos. Michael Walzer escribe en *El Éxodo y la Revolución* (Exodus and Revolution) que la historia bíblica del Éxodo nos enseña tres lecciones sobre la libertad: "[P]rimero, sea donde sea que vivan, probablemente sea Egipto [es decir, un lugar donde no sean libres]; segundo, hay un lugar mejor, un mundo más atractivo, una tierra prometida; y tercero, 'el camino a la tierra prometida es a través del desierto'. No hay forma de ir de aquí para allá, excepto uniéndose y marchando"[38]. No llegamos a un mundo mejor tratando de ayudar a otras personas. Lo hacemos caminando juntos.

Sin embargo, muchos de nosotros entramos por primera vez en el cambio social a través de puertas marcadas "servicio" u "organización". Vemos personas con dolor, niños que necesitan tutoría, lotes baldíos que requieren limpieza. Decimos: "Sí, aquí estoy". Había visitado el barrio de Rosie diez años antes de conocerla. Cuando era estudiante de primer año en la universidad, fui a trabajar en un comedor de beneficencia dirigido por voluntarios católicos laicos. Volví como abogado de servicio legal para representar a las personas a las que los cobradores de deudas les quitaban lo poco que tenían, que convertían deudas de $30 en demandas legales de $300. Un día, fui al hogar de uno de mis clientes para que firmara un documento legal. Después de que ella firmó, me llevó a su patio trasero para mostrarme la basura de la casa abandonada de al lado. Se había amontonado en su cerca y trajo ratas a su casa. Ella me dijo que había intentado durante meses hacer que la Ciudad hiciera algo. El olor era abrumador. En ese momento supe que tenía que dejar mi trabajo de ayuda legal para estar al lado de personas con problemas como esta, en vez de sentarme en un escritorio para tratar de resolver los problemas de las personas. Lo que más importaba no cabía en mi estrecha oficina legal. Quería construir organizaciones con personas, hacer lo que me habían enseñado durante el año que viví y trabajé en Chile al final de la dictadura de Pinochet. Fue, entonces, cuando decidí descubrir cómo ser un organizador comunitario.

La casa de mi cliente estaba a una cuadra de la esquina de Rosie. Cuando volví la próxima vez, fue como organizador. Sin embargo, como lo demostró mi experiencia con Rosie, todavía me quedaba un largo camino por recorrer. Había sido criado para creer que era importante ser activo en la comunidad y para ser útil a los necesitados. Con demasiada frecuencia, sin embargo, he visto a personas cometer el error de pensar que el servicio únicamente puede curar la enfermedad subyacente. Y a veces, cuando nos dedicamos a tratar de arrancar las raíces de la injusticia, el impulso de ayudar a resolver el problema de otra persona (en lugar de caminar junto a la persona como co-conspirador) nos hace tropezar. Nos impide llevar nuestro *yo* completo, y nuestra propia liberación, a la lucha.

Henry David Thoreau, que adoraba la soledad pero que, no obstante, era socialmente activo en el ferrocarril subterráneo, dijo: "Si supiera con certeza que un hombre vendría a mi casa con el designio consciente de hacerme bien, debería correr por mi vida"[39]. Esas son palabras fuertes para aquellos de nosotros que tocamos las puertas de las personas. Existe una diferencia entre tratar de salvar a otra persona de la opresión y desafiar a una persona a ponerse de pie y caminar hacia la libertad. Pero la línea no siempre es fácil de comprender. Como suele ser el caso cuando las cosas se ponen turbias, la respuesta generalmente radica en conectarse honestamente con las personas. Podemos seguir el punto de Michael Walzer sobre la relevancia de Éxodo para nuestras propias vidas preguntándonos: ¿Cómo experimento a Egipto en mi propia vida? ¿Cómo sería realmente la tierra prometida para mí? ¿Con quién puedo caminar para llegar allí?

Ejercicio Práctico

No hay una receta mágica para aclarar tu propósito y lo que tienes en juego en una lucha, pero hay formas de acercarte. Trata esto: deja de lado por un momento tus opiniones, sin importar cuán profundamente las sientas, sobre lo que está mal en el mundo y lo que debe cambiar. Deja a un lado a las personas a las que quieres ayudar, por noble que sea ese impulso. Escribe lo que quieres personalmente del cambio que deseas lograr. ¿Qué significaría para tu vida? Sin juzgar tu propia respuesta, formula y responde esta pregunta tres veces seguidas. Sé lo más honesto posible, incluso si piensas que la respuesta no es algo que se supone que debas decir. Al hacer esto, estarás dirigiéndote hacia el tipo de cambio que experimentó Rosie. Verás que cada vez que respondas te quedará más claro.

Nuestros valores están determinados por nuestras experiencias y las historias que contamos sobre ellos. A menudo, lo que más necesitamos es ser incluidos, encontrar un sentido de conexión con otras personas, saber que nuestras vidas son importantes. Cuando encontramos nuestro propósito en la vida, tenemos el compromiso de actuar frente a la incertidumbre y explicar a los demás por qué deben confiar en nosotros con sus vidas. La determinación de Rosie de permanecer en la esquina a pesar del peligro estaba ligada a una profunda creencia religiosa. Su disposición a dar el siguiente paso, unirse a otros para atacar los problemas subyacentes que enfrenta su comunidad, dependía de ver la organización como parte de su propósito. Para Rosie eso fluyó de su comprensión de lo que Dios quería para ella. Eso es cierto para muchas personas. Para otros, nuestro propósito fluye de la diferencia que queremos hacer en el mundo, de lo que queremos dejar atrás cuando nos vayamos. Nuestro compromiso depende de cuán alineado esté el trabajo que hacemos con nuestra comprensión de nuestro propósito. Si sabemos que esto es lo que debemos ser y hacer, es difícil desviarnos del rumbo.

Es por eso que crear un espacio en nuestras organizaciones para conversar sobre el propósito es tan importante. Para algunas personas, el momento en que sabemos que estamos llamados a un compromiso de por vida con la justicia social cae como una tonelada de piedras en nuestras cabezas. Para la mayoría de nosotros, los momentos decisivos no son bien claros. Entender nuestro propósito puede ser como buscar un objeto perdido que solo se puede encontrar buscando en nuestras mentes. Una vez llené mi tanque de gasolina y conduje diez o quince cuadras antes de que alguien se asomase por su ventana y gritara que me faltaba el tapón de gasolina. En la oscuridad, volví al lugar exacto donde se había caído del techo de mi automóvil. Mi mente sabía dónde estaba, pero necesitaba que alguien que me dijera que volviera y lo buscara. Las personas que nos piden que reflexionemos sobre nuestro propósito y nos obliguen a despertar son invaluables porque nos ayudan a unir todas las piezas de nuestra experiencia para encontrar el patrón más amplio. El golpe en nuestra puerta puede ser tan suave que nos arriesgamos a no escucharlo. Es posible que necesitemos a alguien que nos ayude a escuchar que nos llaman. Entonces tenemos todo lo que necesitamos para hacer la diferencia.

La claridad emocional es importante porque nos hace magnéticos para otras personas. Cuando estamos conscientes de nuestras emociones y tenemos claro nuestro propósito, contamos con las condiciones para establecer relaciones prácticamente irrompibles con uno al otro. Esta confianza construida en base a la honestidad es la "resistencia" colectiva que el líder abolicionista Frederick Douglass describió como lo único que puede establecer "los límites de los tiranos"[40]. A los organizadores les gusta citar a Margaret Mead, quien dijo: "Nunca dudes de que un pequeño grupo de ciudadanos reflexivos y comprometidos pueda cambiar el mundo; de hecho, es lo único que lo ha logrado"[41]. Pero las relaciones de confianza que hacen posible el cambio no solo ocurren. Toman trabajo. Y florecen mejor cuando construimos organizaciones y movimientos en torno a la transformación y el propósito humano.

Durante las seis semanas posteriores a la llegada de Rosie, el grupo de padres habló con cientos de personas de la comunidad para escuchar sus inquietudes. El grupo se reunió con funcionarios públicos para averiguar qué se podría hacer para mejorar la seguridad del vecindario y mejorar la escuela. Los padres que dirigían el esfuerzo todavía tenían miedo de ponerse en contra de los traficantes de drogas que controlaban las esquinas, pero el trabajo que habían hecho para aclarar lo que tenían en juego y generar confianza juntos los mantuvo avanzando. Decidieron continuar con una gran reunión pública, la primera en muchos años en el vecindario. La noche de la reunión se presentó más de quinientas personas. Padres, niños y vecinos se apiñaron en el pequeño auditorio de la escuela, llenaron el pasillo principal y se pararon en el patio de la escuela. La gente testificó sobre los tiroteos que ocurrieron en la escuela. La principal demanda era que el capitán de la policía local asignara a un oficial para que estuviera en la escuela al comienzo y al final de la jornada escolar. El objetivo era crear una tregua que impidiera a los vendedores traficar drogas mientras los niños caminaban hacia y desde la escuela.

Recuerdo haber visto al capitán responder a la demanda y no estaba seguro si habíamos ganado o perdido. ¿Había dicho que sí o no? Pero luego miré a Rosie y a los otros padres que dirigían la reunión, y supe por sus caras que habíamos ganado. La sensación después de la reunión fue eléctrica. Al día siguiente, un policía con aspecto triste caminaba por la escuela en la mañana y en la tarde con la cabeza inclinada. Su presencia fue un frío alivio, dado todo lo que sucedía en el barrio, y no hizo nada para llegar a las causas de los problemas. Aun así, fue un comienzo: un pequeño avance ante la idea de que la acción colectiva podría crear una reacción en el mundo.

En los años que siguieron, el grupo de padres pasó a conseguir un nuevo techo para la escuela, un jardín de la infancia para el día completo y los primeros maestros de habla hispana (uno por grado). Cuando los padres comenzaron a organizarse alrededor de los niveles de lectura y el hecho de que incluso los niños que estaban recibiendo buenas calificaciones no estaban preparados adecuadamente para la escuela intermedia, el director echó a los padres de la escuela. Durante seis meses, tuvimos reuniones en la esquina de Rosie. Eventualmente, el grupo de padres presionó a la escuela para que contratara un nuevo director. Él era un hombre latino que hizo mucho para volver a conectar la escuela con la comunidad, incluso eliminó 10 años de grafiti del exterior del edificio. Junto con una organización paraguas de escuelas e iglesias, los padres ayudaron a anclar una importante campaña para que la ciudad renovara, y en otros casos derribara, cientos de viviendas vacías.

Ninguno de estos cambios alteró la desigualdad subyacente que aún hace que Filadelfia sea una de las ciudades más pobres de los Estados Unidos. Pero crearon círculos virtuosos en la comunidad y en las vidas de las personas. En 2012, dieciocho años después de que Rosie y los otros padres se pusieron de pie por primera vez, los padres y maestros de la escuela derrotaron un plan para cerrar su escuela. Ellos ganaron la lucha, demostrando que a pesar de que el edificio era viejo, la escuela estaba haciendo un mejor trabajo de preparación para sus estudiantes de la escuela media que otras escuelas cercanas. En las noticias, noté que el edificio (que no había visto en años) todavía estaba completamente limpio de grafiti. Con el tiempo, los padres que tuvieron el coraje de avanzar hacia la incertidumbre y el peligro ayudaron a transformar su comunidad en un lugar mejor para criar a sus hijos. En el camino, cambiaron sus propias vidas.

Esta transformación personal es inseparable de la lucha por la justicia social. Nuestro crecimiento es el mayor recurso que tenemos y el propósito de los cambios que buscamos en el mundo. Después de la primera gran reunión organizada por la asociación de padres, alguien hizo un video sobre su trabajo. Lo que me sorprendió fue la cantidad de personas que se iluminaron cuando hablaron sobre lo que le había sucedido a sus propias vidas. La gente mencionó los problemas en el vecindario y los cambios que estaban haciendo. Pero de lo que querían hablar era de cómo habían cambiado. Compartieron lo increíble que fue levantarse y decir lo que piensan, decirles a los funcionarios qué hacer, y que nunca se habían imaginado hacer tal cosa.

Angelina Rivera, madre de cinco niños pequeños, a menudo expresaba la furia candente del grupo. Ella hacia a la gente llorar en las reuniones públicas sobre mejorar la calidad de la educación en la escuela ("Solo porque somos pobres no significa que nuestros hijos no merecen una buena educación"). Un día ella me dijo: "Volveré a la escuela". Dije que era genial y le pregunté dónde iba a obtener su GED. Ella dijo: "No, regresaré para terminar la escuela secundaria en la misma escuela y el mismo grado en donde lo dejé hace diez años". Y ella lo hizo. Angelina, al igual que Rosie, me enseñó que lo que lleva a las personas a levantarse es casi siempre más profundo y más personal que el problema que dijeron que querían resolver.

En *Entre el mundo y yo* (Between the World and Me), Ta-Nehisi Coates le dice a su hijo, "La historia no está únicamente en nuestras manos. Y todavía estás llamado a luchar, no porque te asegura la victoria sino porque te asegura una vida honorable y cuerda"[42]. Jerry Wurf marchó con los trabajadores de Saneamiento de Memphis como el jefe de la Federación Estadounidense de Empleados Estatales, del Condado y Municipales. Dijo que los organizadores sindicales "creen que están solicitando mejores salarios y mejores condiciones de trabajo, pero esencialmente están ofreciendo dignidad". Y a veces el trabajador que no articula esto fácilmente tiene más conocimiento que el organizador profesional. La lucha por los derechos civiles, la lucha por la igualdad o como quieras llamarla, es solo una parte de esta lucha continua por la dignidad"[43]. En definitiva, el trabajo que parece consistir en arreglar el mundo termina por encontrar nuestro propósito y lugar dentro del mismo.

Es por eso que es importante entrar en el trabajo de cambio social con alguna idea sobre cómo deseas crecer personalmente. Los problemas que enfrentan nuestra sociedad y nuestro planeta son enormes. Pero, al igual que Angelina, cada uno de nosotros tiene permiso para hacer que nuestro propio desarrollo sea una prioridad. En *Faith in Action*, los organizadores de la comunidad trabajan con líderes voluntarios de base para escribir planes de desarrollo de liderazgo que deletrean lo que los líderes quieren aprender y mejorar al hacerlo. Dado que el miedo a hablar en público es tan común, no es sorprendente que la gente a menudo diga que quiere aprender a hablar ante un grupo de personas. Pero los planes pueden incluir desde llevar a cabo reuniones exitosas o abogar por tu hijo en la escuela hasta confiar más en la gente o profundizar tu fe. Algunas personas adquieren las habilidades y las relaciones para postularse para un cargo. Un buen plan de desarrollo de liderazgo establece objetivos que son ambiciosos pero alcanzables y que pueden medirse. Identifica actividades específicas que te ayudarán a lograr estos objetivos personales, como hablar en la próxima reunión o asistir a un seminario de liderazgo. Todos necesitamos entrenadores para mantener el rumbo. Y tenemos que estar en entornos que toman en serio nuestro crecimiento, que es el enfoque de la siguiente sección.

Usar Nuestras Emociones Para Sacar El Máximo Provecho De Las Personas

Una superpotencia de cambio social que todos necesitamos nutrir es la capacidad de canalizar nuestras emociones. Podemos usar este poder no solo para dar forma a cómo nos sentimos, sino también para cambiar el estado emocional en una habitación o en una relación. Podemos crear entornos humanos que hagan que las personas estén más abiertas a reflexionar sobre su propósito, aprender, crecer y desarrollar relaciones fuertes y de confianza entre ellos. Esto hace posible que las personas asuman riesgos juntos. Nuestro poder emocional es la principal herramienta que tenemos para dirigir a las personas, organizar eventos que involucran y energizan a las personas, y construir organizaciones efectivas.

Dos hechos acerca de cómo estamos conectados como seres humanos lo hacen posible. Uno tiene que ver con la forma inherente en que nuestros cerebros se mimetizan entre sí. Si tú y yo entablamos una conversación cara y cara sentados en una mesa, intercambiamos miles de pequeños trozos de información (lo que hace que estar cara a cara sea tan poderoso, en comparación con la comunicación por teléfono o correo electrónico). Si froto mi frente por un momento, es probable que hagas lo mismo. Si me inclino ligeramente hacia adelante, tú también lo harás. Dentro de unos minutos, sin que ninguno de nosotros lo note conscientemente, podemos sincronizar nuestra respiración. De hecho, la palabra *conspirar* proviene de las palabras raíz que significan "respirar juntas". Inconscientemente somos influenciados por y adoptamos las emociones de los demás. Si la gente se abstiene de perder una lucha, y entro en una habitación con un sentimiento de resolución, mi estado emocional puede cambiar el estado de emoción en la habitación.

No puedes hacer que alguien se detenga o comience a sentirse de cierta manera. Tampoco puedes discutir con una emoción. Decirle a una persona que no se sienta triste, o peor, que no debe sentirse triste nunca es una buena idea. Siempre es erróneo. Y no podemos anular el dolor o la ira que experimentan las personas diciéndoles que sean felices o que piensen positivamente. Pero podemos usar nuestro estado emocional para cambiar y canalizar cómo se sienten las personas que nos rodean, si somos intencionales al respecto.

Los psicólogos lo llaman "preparación". Este es el segundo concepto relacionado con el cerebro que facilita el liderazgo y la acción colectiva. Dado el funcionamiento de nuestros cerebros, podemos estar preparados para sentir de ciertas maneras. Esto sucede cuando estamos expuestos a imágenes, palabras, y pensamientos que nuestra memoria asocia con un sentimiento que hemos tenido en el pasado. Los experimentos simples que involucran colores y palabras demuestran esto. Por ejemplo, las personas a las que se les muestran una tarjeta amarilla y luego les preguntan qué les gustaría comer tienen más probabilidades de elegir una banana de entre otras opciones[44]. Así es como funciona la publicidad: puedes hacer que compremos un producto al asociarlo con un recuerdo que nos hizo felices en el pasado. Puedes utilizar el lenguaje como una herramienta de preparación para alentar una mentalidad en otros que los disponga a trabajar cooperativamente para generar poder. Un ejemplo simple es pedirle a alguien que comparta algo por lo que se siente agradecido. Simplemente decir la palabra *agradecido* y tener que articular esa emoción puede ayudar a aliviar el estrés o la sensación de estar abrumado por tanta injusticia.

La misma idea básica se aplica a la lectura del estado emocional de una habitación. Si estás facilitando una reunión y se encuentra con muchos conflictos y confusión, puedes detenerte y preguntarle a la gente cómo se sienten. Lo que dice la gente dará forma a cómo se sienten los demás e influirá en lo que el grupo puede hacer. Pero si hay tensión subyacente, casi siempre es mejor hacerla público, para que la gente pueda entender cómo avanzar. Esto puede requerir un gran esfuerzo, ya que parte de la razón de la tensión es que las personas se sienten incómodas al dar voz a los sujetos desafiantes (como lo ilustra el ejemplo de Rosie). Del mismo modo, en momentos de estrés o crisis, tener una agenda con más estructura es mejor. Esto le da a las personas una idea de la dirección de la reunión y aumenta los niveles de confianza.

Mi amigo Carlos Saavedra, quien contó la historia relatada en el capítulo 2 sobre inmigrantes indocumentados que donan sangre, es un gran maestro de la organización. Él dice: "estado antes de la historia", lo que significa que debes comenzar estableciendo el estado emocional correcto en la habitación. Luego puedes continuar compartiendo tu historia, dando los otros pasos para organizarse y creando un cambio en el mundo. Parte de lo que hace que Carlos sea un organizador eficaz es su capacidad, como un actor, de traer emociones fuertes a la superficie al aprovechar de un depósito de poderosos recuerdos.

Estas ideas tienen aplicaciones prácticas para las elecciones que hacemos para facilitar reuniones y organizar eventos. Lo que hacemos para cambiar el estado de una habitación puede ser tan simple como mover las sillas. Una regla de la organización es que si es físicamente posible organizar una habitación para que todos puedan verse los ojos, debes tomarte el tiempo para hacerlo. Incluso si las sillas están dispuestas en hileras cuando llegues, reorganízalas en un círculo. De esta manera, no solo *decimos que* todos deben ser vistos y escuchados, sino que lo hacemos posible.

Si tienes cientos de personas en la sala, colócalas en mesas redondas para que puedan pasar tiempo trabajando juntas en grupos pequeños. Las personas no solo deben consumir lo que se dice por adelantado, sino también procesar lo que aprenden y compartir lo que saben con los demás. Y trata esto: pídele a la gente que se ponga de pie y ponga sus manos debajo del borde de la mesa. Cuenta hasta tres, y luego pídeles a todos que se pongan de pie al mismo tiempo. ¡Excelente! Acabamos de tener una experiencia física de actuar juntos. Y sentimos cuan ligeras eran las mesas cuando actuamos al unísono.

Las experiencias táctiles son a menudo las más poderosas. Cuando estaba en Chile, casi todas las reuniones o entrenamientos comenzaban con una *dinámica* (un juego de uno u otro tipo) que hacía que las personas se movieran y trabajaran juntas de una manera lúdica. Las actividades incluyeron ver cuánto tiempo un grupo de personas podía mantener unas cuantas pelotas de playa en el aire y ver si las personas podían pasar una pelota naranja o pequeña de una a otra sin usar sus manos. Este tipo de juegos cambia el estado de la habitación al provocar todo tipo de sentimientos y recuerdos, la mayoría positivos. No son solo actividades, dan un sabor experiencial de una forma diferente de experimentar el mundo.

A veces, lo que hace toda la diferencia para un grupo es salir y caminar juntos. Una vez estuve en Flint, Michigan, en un salón de la iglesia, donde la gente estaba debatiendo qué hacer con un complejo de apartamentos abandonado cercano. ¿Debería la iglesia comprarlo para volver a desarrollarse en viviendas asequibles (idea del pastor)? ¿O presionar a la ciudad para derribarlo? ¿O demandar que los propietarios lo renueven? Decidimos qué hacer solo cuando dejamos la iglesia, y caminamos sobre vidrios rotos, para ver, sentir y oler el estado de los edificios.

Compartir una historia poderosa también funciona (algo de lo que hablaremos más en el próximo capítulo). Pero a veces el paso más simple que puedes tomar es hacer una pregunta: ¿Por qué te sientes agradecido esta mañana? ¿En qué momento de tu vida te sentiste incluido? ¿O excluido? Un gran avance para el movimiento de la calidad del matrimonio fue cambiar la pregunta que les hacíamos a las personas sobre el derecho a casarse a preguntar a las personas cuando se enamoraron por primera vez. Otra herramienta simple pero poderosa para cambiar de estado es pedirles a las personas que compartan lo que más aprecian sobre las otras personas en la sala. Estos "círculos de apreciación" pueden ser especialmente útiles cuando los grupos han experimentado tensión. Las preguntas pueden parecer un poco cursis cuando las preguntas, pero casi siempre funcionan.

Mi colega Alvin Herring utiliza un Muro de la Verdad para sensibilizar a las personas por su honestidad y compasión en las capacitaciones sobre la raza y el racismo. Le da a la gente notas adhesivas y les pide que escriban cosas que piensan sobre la raza pero que no dicen en voz alta y luego las cuelgan en la pared. Lo que la gente escribe a menudo es alucinantemente honesto. Después, las personas se acercan y leen las notas, y luego el grupo puede discutir algunas de las verdades más desafiantes o perceptivas. Las organizaciones multirraciales efectivas de justicia racial se desarrollan a partir de conversaciones duras y honestas. Esto sólo puede suceder cuando creamos espacios de manera intencional donde la gente puede decir no sólo lo que piensan, pero lo que sienten.

Actividades como el Muro de la Verdad y los círculos de apreciación nos hacen mejores maestros, entrenadores, facilitadores, presidentes, y personas buenas para todos en equipos. Cuando los repetimos se convierten en rituales. Esos rituales moldean la cultura de nuestras organizaciones. La gente llega a esperar que la participación implique ser desafiada a pensar de manera diferente, incluso si es incómodo. En *Faith in Action*, comenzamos la mayoría de las reuniones con oraciones o reflexiones y, a veces, con canciones. He trabajado con otras organizaciones que usan lecturas, música, palabras habladas y cánticos para centrar personas y conectarlas para un propósito más amplio. Sabemos cuán central era la música para el Movimiento por los Derechos Civiles y para muchas otras luchas. Todos estos enfoques y actividades vuelven a invitar a las personas a poner todo su ser a la disponibilidad, que es lo que hacen las organizaciones que siguen el marco en la siguiente sección.

Construir Organizaciones Que Traten A Las Personas Como Fines, No Como Medios

Queremos un grupo pequeño, una organización más grande o un movimiento de masas al que dedicamos nuestro tiempo y energía para tratarnos como fines, no como medios. Queremos que sean pequeñas versiones del tipo de sociedad que estamos tratando de traer a la existencia. El trabajo puede ser difícil e incómodo a veces. Pero siempre tiene que volver a nuestro bienestar, el aprendizaje y el crecimiento. La construcción de esta orientación hacia las personas, hacia la cultura organizacional, se puede hacer de muchas maneras. Un enfoque es pensar en organizaciones con propósito como cuatridimensionales: enseñar, confiar, reflexionar, y mirar hacia afuera.

Enseñar

Las organizaciones convierten a sus miembros en líderes cuando dedican tiempo y recursos para *enseñar a las* personas el conocimiento y las habilidades necesarias para el liderazgo. Se han realizado muchas investigaciones sobre la reforma educativa que destacan la importancia de diseñar escuelas como lugares donde los maestros aprenden constantemente[45]. Si los maestros no están aprendiendo, entonces los estudiantes tampoco aprenden. Lo mismo aplica a nuestras organizaciones. Si las organizaciones no son lugares donde las personas están aprendiendo y creciendo, es menos probable que puedan hacer cambios en el mundo. Sin embargo, las personas en nuestras organizaciones a menudo nos dicen que los apresuramos a la acción. No explicamos adecuadamente el contexto ni les enseñamos las habilidades que necesitan para tener éxito.

Aquí hay tres prácticas que fomentan el aprendizaje en las organizaciones: (1) describe explícitamente qué habilidades y conocimientos se están enseñando y por qué (las personas no adivinan por qué asisten a una capacitación); (2) antes de enseñarles algo a los adultos, pregúntales lo que ya saben sobre el tema; y (3) regularmente pregúntales a las personas que están aprendiendo y qué diferencia causa el aprendizaje en sus vidas. Si no le *decimos a la* gente el por qué, no sabrán a dónde vamos. Si no *validamos* lo que saben, no sentirán que los respetamos. Si no *preguntamos* si está funcionando, no van a saber que nos preocupamos por su crecimiento.

Confiar

Invertir en las personas va de la mano con la *confianza* de grandes responsabilidades. Esta es la diferencia entre decirle a alguien que pase a la siguiente actividad o hacer una tarea pequeña versus establecer un gran objetivo y sentarse juntos para descubrir cuál es el rol de esa persona en lograrlo. Si no invertimos incansablemente en el desarrollo de las personas y confiamos en que liderarán, terminaremos replicando la desigualdad racial y de clase dentro de nuestras organizaciones y movimientos. Algunas personas, a menudo hombres blancos, llegan a ser cabezas, toman decisiones, y desarrollan estrategias. Mientras que otros, personas de color, las mujeres, las personas con menos educación formal, los voluntarios, son las manos, recibiendo instrucciones, a aparecer, y hacer el trabajo. Pedimos muy poco de las personas que están dispuestas a dar tanto.

Reflexionar

La tercera dimensión de una organización con propósito es el compromiso de *reflexionar* sobre todas las acciones significativas. Cada reunión, capacitación, y evento debe incluir alguna reflexión y evaluación. Debemos reservar un tiempo para descubrir lo que hemos aprendido al tomar medidas, juntos. Con demasiada frecuencia, la gente pasa tiempo preparándose para un gran enfrentamiento, y luego, gana o pierde, se calla o pasa a la siguiente tarea. Esto es especialmente cierto cuando diferentes organizaciones se unen para trabajar en una campaña más grande. Es posible que hayan podido coordinar su trabajo, pero no necesariamente tienen una estructura para procesarlo juntos y descubrir qué viene después. Una vez hablé con un amigo que había participado en un esfuerzo exitoso para aumentar el salario mínimo en su ciudad. Meses después, me dijo que los grupos que habían dirigido el esfuerzo aún no habían organizado una reunión para reflexionar sobre la campaña. No se habían esforzado por ver honestamente cómo habían trabajado juntos, qué podrían hacer de manera diferente y cómo podían aprovechar su éxito. Si estamos creando organizaciones basadas en las personas, no podemos darnos el lujo de perder la oportunidad de aprender y hacernos más reales sobre lo que hacemos juntos.

Mirar Hacia Afuera

La cuarta dimensión está *orientada hacia* afuera, llegar de manera activa e involucrar a las personas a través del contacto directo. La gente quiere sentirse que forman parte de algo, pertenecer. Pero todos los grupos, grandes y pequeños, tienen tendencia a convertirse en camarillas, a holgazanear en la oligarquía. Las organizaciones dicen que quieren que participen más personas, pero envían el mensaje opuesto o permiten largos períodos de silencio. En la universidad, quería involucrarme en el movimiento en el campus para terminar con el apartheid sudafricano. Pero no podía encontrar la manera. Parecía que todos los chicos geniales se conocían, y que no había una forma clara de entrar. Más tarde, una vez que descubrí cómo formar parte del grupo, estaba en una reunión en la que la gente se quejaba de lo difícil que era involucrar a las personas. Ahora, cada vez que estoy en una conversación sobre cómo aumentar la participación o sobre por qué no aparecen más personas, recuerdo ese momento. Me considero a mí mismo que lo importante no es nuestro deseo declarado de que las personas se unan a nuestro grupo, sino los mensajes de los que las personas realmente escuchan en cuanto a ser bienvenidos. Las personas recuerdan cómo les hiciste sentir. ¿Estamos mirando hacia adentro, hablando entre nosotros, sintiéndonos especiales y elegidos? ¿O nos volvemos hacia afuera, comunicando la emoción de inclusión, midiendo nuestros días con las conversaciones intencionadas que hemos tenido con personas que han esperado pacientemente a que golpeemos sus puertas?

Cuando vi gente entrar al auditorio de la escuela esa noche de la primera reunión pública organizada por el grupo de padres, se sintió como una epifanía. La organización no fue tan difícil. Si pudieras conseguir suficiente gente para aparecer y pedir algo, lo obtendrías. Esa fue una experiencia del defecto utópico, una idea que aprendí de los jesuitas. Cuando construimos algo nuevo, ponemos una esperanza casi idealista sobre ello. Nos convencemos de que llegar a la cima resolverá todos nuestros problemas. La verdad es que montañas más grandes se encuentran más allá de la que acabamos de escalar; la parte más difícil no es escalar la primera montaña. Se trata también de atravesar el valle que sigue. Esa capacidad para continuar se basa en la fortaleza de las relaciones que podemos construir con otras personas. Y eso comienza con compartir nuestra historia.

CAPÍTULO 4: LA HISTORIA – CREAR RELACIONES QUE MOTIVEN LA ACCIÓN EN PERSONAS

Comenzar con el cambio no es difícil. Si disfrutas de lo que sucede en el mundo o en tu comunidad o lugar de trabajo, sal y habla con otra persona. Comparte tu historia. Escucha la de esa persona. Habla sobre lo que a ambos les importa. Explica la fuente de tu enojo. Construye una relación. La narración de historias puede parecer una distracción del trabajo real de la política, pero fundamenta todo el cambio social porque las historias son la forma en que los humanos le dan sentido al mundo. Las usamos para comunicar nuestros valores, lo que nos importa lo suficiente como para actuar e incluso arriesgar nuestras vidas para lograrlo. Cuatro resultados importantes ocurren en la organización cuando comenzamos con una historia.

Primero, experimentamos una pequeña muestra del mundo que estamos luchando por traer a la existencia. Cuando escucho tu historia con enfoque, te comunico que te veo. Tú importas. Tú perteneces. Cuando cuento mi propia historia a otra persona, o a un millar de personas, afirmo mi humanidad. De hecho, esta puede ser la acción que está más bajo mi control y que me da dignidad.

Segundo, cuando intercambiamos nuestras historias, la empatía que damos y recibimos se convierte en confianza social. Esto es lo que hace posible que las personas trabajen juntas. Puede llevar muchas conversaciones, pero no podemos esperar que las personas corran riesgos juntas sin la confianza. Compartir las experiencias y emociones que han dado forma a nuestros compromisos construye los lazos que necesitamos para ir juntos a la batalla. También construye puentes entre personas de diferentes orígenes, ayudándonos a superar los esfuerzos de las élites para dividirnos unos de otros.

En tercer lugar, establecemos conexiones entre nuestras experiencias que exponen las estructuras sociales que configuran nuestras vidas. Tendemos a sobreestimar la responsabilidad personal de otras personas por sus éxitos y fracasos (a la vez que minimizamos la nuestra). Esto hace que sea fácil culpar a las personas por las situaciones en las que se encuentran y no ver cómo las decisiones políticas ayudan o dificultan el progreso de las personas en el mundo. Cuando compartimos nuestras historias, a menudo encontramos una convergencia histórica (por ejemplo, dos personas que descubrieron que eran las primeras en sus respectivas familias en ir a la universidad) o divergencia (por ejemplo, el haber asistido a la universidad en un momento en que los costos eran bajos y había muchas subvenciones disponibles y el haber contraído deudas por decenas de miles de dólares para financiar tu educación). Estas similitudes y diferencias nos ayudan a salir de nuestro propio sudor y lágrimas. Nos dan algunos ingredientes compartidos, o por lo menos puntos de discusión compartidos, para descubrir cómo las estructuras sociales más allá de nuestro control directo han contribuido a lo que somos y nuestro lugar en el mundo.

Finalmente, contar historias es cómo reescribimos la historia subyacente de nuestra sociedad para apoyar políticas más equitativas. La capacidad de contar historias hace que los seres humanos sean únicos entre todos los animales. Los científicos dicen que hace unos setenta mil años —en un parpadeo en la historia de la especie humana— experimentamos una "revolución cognitiva" en la estructura de nuestro cerebro que nos permitió pensar y comunicar ideas abstractas. En *Sapiens: Una breve historia*

de la humanidad, Yuval Noah Harari escribe que si
pudiéramos retroceder en el tiempo antes de esta revolución
en el pensamiento humano, lucharíamos por entender a las
personas que conocimos. Pero después de ese punto,
"Podríamos explicarles todo lo que sabemos, desde las
aventuras de Alicia en el país de las maravillas hasta las
paradojas de la física cuántica, y podrían enseñarnos cómo
su gente ve el mundo"[46]. Para una especie que depende de
la interacción social para sobrevivir, nuestra nueva
habilidad para contar historias sobre cosas que no pudimos
ver o tocar nos permitió crear confianza y cooperación
social entre un gran número de personas. Una vez que las
cosas podrían ser imaginadas, podrían ser creadas. La
narración de cuentos fue el método que los humanos usaron
para construir sociedades complejas. Del mismo modo, hoy
no podemos hacer los cambios sociales necesarios para
salvar vidas y vivir mejor sin contar historias nuevas, más
inclusivas y equitativas. Así como las historias racionalizan
las peores acciones de los seres humanos, también
alimentan los movimientos que nos hacen vivir a nuestro
potencial.

Este capítulo está organizado en cuatro partes. La
primera sección discute la investigación sobre lo que
mantiene a las personas involucradas en el cambio social y
aumenta su participación. (Sugerencia: la oportunidad de
compartir tu historia con otra persona es la clave). El
segundo muestra cómo podemos mejorar contando nuestras
historias personales para darles un mayor impacto
emocional. La tercera sección trata acerca de cómo usar el
intercambio de historias uno a uno como una herramienta
para construir organizaciones más fuertes. El cuarto se
centra en el papel de la narrativa en el trabajo de
comunicación que debemos hacer para ganar en los temas
en los que estamos trabajando y transformar nuestras
comunidades y nuestro país.

Lo Que Mantiene A Las Personas Involucradas En El Cambio Social

Con demasiada frecuencia, los activistas y las organizaciones de justicia social leen a las personas en lugar de escucharlas. Pensamos que las personas necesitan ser persuadidas a pensar de cierta manera antes de tomar medidas. O que mueves a las personas diciéndoles lo que está mal. Terminamos pasando demasiado tiempo comunicándonos *con la* gente, muy poco hablando *con* ellos. Es por eso, que les enseñamos a los organizadores de la comunidad que tienen dos oídos y una boca para que puedan pasar el doble del tiempo escuchando en vez de hablar.

Faith in Action (anteriormente llamada la Red nacional PICO), ha colaborado con el profesor de la Universidad de Vanderbilt, Paul Speer, en la investigación para comprender qué motiva a las personas a involucrarse en el cambio social y qué las hace regresar. Durante cinco años, Paul y su equipo estudiaron organizaciones de base afiliadas a PICO en diferentes partes del país. Las organizaciones variaban en tamaño, pero compartían un enfoque básico para organizar a las personas de fe (de muchas tradiciones diferentes) a través de sus instituciones religiosas. El equipo de Paul recolectó hojas de registro de reuniones y listas de personas que se habían conocido cara a cara como parte de las organizaciones. Los investigadores, también, encuestaron a personas que habían participado y quiénes no.

Descubrieron que hay dos cosas que mantienen a la gente involucrada: "(1) las relaciones con otros participantes y (2) la oportunidad de desempeñar un papel que sea significativo y desafiante"[47]. Dos actividades específicas fueron especialmente "pegajosas" (en el sentido de que vinculaban a personas y profundizaban su participación).

La primera fue una reunión corta de persona a persona con otra persona donde compartían su historia y escuchaban la de la otra persona. La segunda fue una "acción de investigación", una pequeña reunión con funcionarios públicos u otra persona con poder sobre lo que sucede en la comunidad. (Las acciones de investigación se discuten con más detalle en el capítulo 7 sobre el poder). Las personas que participaron en estas dos actividades (bastante íntimas) tenían más probabilidades de regresar y asumir un mayor liderazgo que las personas que no lo hicieron. También llegaron a verse a sí mismos como teniendo más poder y voluntad en sus vidas. Asistir a una gran reunión o protesta puede ayudar a que una campaña de organización logre sus objetivos, pero tiene poco efecto en la probabilidad de que un individuo se involucre más en la organización. Y, curiosamente, nada sobre la demografía de las personas o las actitudes que tenían antes de su llegada predijeron si aparecerían una vez y luego se irían o terminarían presidiendo reuniones. Lo que importaba era si tenían la oportunidad de compartir su historia e involucrar a los tomadores de decisiones.

Este hallazgo tiene implicaciones importantes sobre cómo pensamos sobre la construcción de organizaciones y movimientos sociales. Sugiere que millones de personas podrían participar en la lucha por la justicia social si se les pidiera directamente y se les invitara a actividades que les dieran la oportunidad de tomar el liderazgo junto a otras personas. La reunión individual no solo es una buena manera para que las personas se conozcan al comienzo de una reunión. Es una máquina de movimiento perpetuo que tenemos a nuestro alcance para atraer a más y más personas al campo de juego de la justicia.

La investigación de Vanderbilt es consistente con otros estudios que muestran que las personas a menudo entran en organizaciones que buscan conexión social. Por ejemplo, sorprendentemente, un estudio descubrió que la mitad de las personas activas en el movimiento provida aparecieron por primera vez ya sea apoyando el derecho al aborto o sin tener opiniones firmes[48]. Se unieron porque otras personas en sus comunidades y congregaciones estuvieron involucradas, y su participación moldeó sus puntos de vista. El poder de las organizaciones para influir en cómo la gente ve el mundo va en contra de la tendencia de los activistas a gastar mucha energía tratando de encontrar partidarios probables para participar. Cuando luchamos por causas que ya cuentan con mucho apoyo, como aumentar los salarios o proporcionar un camino hacia el estatus legal y la ciudadanía para los inmigrantes, no necesitamos buscar verdaderos creyentes. A menudo nos conviene invitar a mucha gente y exponerlos a actividades significativas que los pongan en relación y liderazgo, comenzando por compartir su historia con otras personas.

Tener Claro Tu Historia

La historia de tu vida es tan única como tú. Pero las historias convincentes tienen una estructura común. Y nuestras historias personales siguen patrones formados por la historia. Sabemos por experiencia que las personas pueden mejorar cómo contar sus historias a través de la práctica y al extender los elementos de una buena historia y reflexionar sobre cómo sus propias vidas han sido moldeadas por su historia. Nuestros cerebros están conectados para dar sentido al mundo de manera más fácil a través de historias que a través de hechos y cifras. Entonces, cuando desarrollamos nuestros músculos para contar historias, individualmente y como organizaciones, nos volvemos más persuasivos para las personas a las que intentamos motivar y para las personas en posiciones de poder cuyas decisiones estamos tratando de influenciar.

Marshall Ganz, quien trabajó con César Chávez como
director organizador de los *Trabajadores Agrícolas Unidos*
(United Farm Wokers), ha enseñado a miles de personas a
contar sus historias con más fuerza. Él dice que "una buena
historia pública proviene de la elección de una serie de
puntos que le dan forma al 'trama' de tu vida: los desafíos
que enfrentaste, las decisiones que tomaste y los resultados
que experimentaste". Tu historia debe responder a la
pregunta de qué te impulsa o motiva. Como dice Marshall,
las personas necesitan "comprender los valores que te
mueven a actuar, porque también pueden moverlos a
actuar"[49].

A menudo, las historias que nos afectan emocionalmente
giran en torno a un momento de gran dolor o pérdida. Mi
amigo Desmond Meade, un líder en el movimiento de los
ciudadanos que han estado encarcelados en Florida,
describe cómo, después de haber salido de la cárcel y
estaba sin hogar, estaba a punto de acostarse en una vía de
tren y suicidarse. En ese momento, tuvo una visión de un
futuro diferente. Lo llevó a reconstruir su vida y convertirse
en abogado. Su elección fue similar a la que hicieron los
mineros chilenos que miraron a la muerte en la cara y
prometieron sobrevivir. Estas historias de renacimiento son
fundamentales para nuestra historia compartida y nuestras
tradiciones religiosas. Si hemos enfrentado la muerte o no,
nos recuerdan los puntos bajos de nuestras vidas y cómo
nos hemos recuperado del trauma que hemos
experimentado, el apoyo que hemos recibido de quienes
nos aman y nuestra fortaleza y resiliencia como seres
humanos.

La clave de las historias poderosas no siempre son los
momentos dramáticos de conflicto externo, aunque estas
experiencias pueden ayudar a centrar la atención de las
personas, sino más bien el drama emocional que se
desarrolla dentro de nuestras audiencias. Lo sabemos por

las películas que hemos visto y los libros que hemos leído. Lo que primero parece ser un conflicto físico con un obstáculo (generalmente un villano) se trata realmente del héroe que lucha con una elección que saca a la superficie una contradicción interna en su personaje. El desafío puede ser la duda, el exceso de confianza, la lucha con las expectativas de los demás, y tantas otras dificultades que nos atormentan a medida que tratamos de abrir el camino en un mundo complicado. Es por eso que la moraleja de la historia generalmente vuelve a lo que el personaje principal aprende de sí mismo y de lo que aprendemos sobre nosotros mismos. A menudo es el ayudante (el "personaje de impacto") quien obliga al protagonista a hacer una elección diferente. La "ayuda" no resuelve nuestro problema sino que nos ayuda a ver nuestras elecciones más claramente. Esta es la razón por la cual el entrenamiento es tan importante para el cambio social y por qué las historias públicas convincentes a menudo incluyen a alguien que nos ayudó a mirar al mundo de manera distinta.

No se requiere haber tenido una experiencia cercana a la muerte o haber vivido en las calles para explicar la fuente de nuestra motivación. Pero una historia convincente debe ser más que un simple recuento de la historia de nuestra vida. Debemos profundizar no solo en lo que nos sucedió, sino también en el conflicto que enfrentamos y en las decisiones que tomamos. Al final, nuestra historia es un argumento para lo que creemos que debe suceder en el mundo en función de nuestra experiencia. Llegar allí requiere una reflexión honesta sobre los puntos de inflexión que dieron forma a nuestras vidas (puede haber muchas, y podemos compartir diferentes partes de nuestra historia en diferentes momentos, dependiendo del impacto que buscamos obtener y con qué grupo nos encontramos). Dado que nuestra motivación se determina por lo que sucede en nuestras vidas, como dice Marshall Ganz, todos tenemos "dentro de [nuestra] experiencia lo que [necesitamos] para poder tener un impacto en el mundo"[50]. Solo tenemos que tomarnos el tiempo para explicar esa experiencia claramente.

A veces tenemos el lujo de sentarnos con alguien para compartir nuestra historia. A menudo, tenemos menos tiempo y una invitación menos explícita para contar nuestra historia. La práctica nos ayuda a contar una versión resumida de nuestra historia en una breve conversación que puede tener lugar cuando te encuentras con alguien en la calle ("Vi a mis padres perder su casa cuando tenía quince años y decidí que nunca me dejaría empujar"). Debemos poder compartir un fragmento de nuestra historia que explique nuestra motivación cuando nos presentamos en una reunión, hacemos una llamada telefónica o tocamos una puerta ("He vivido en este barrio toda mi vida, y no seré forzado a salir ahora"). Como un metal precioso que pasa por un proceso de refinación, tenemos que hervir nuestra historia hasta su esencia a través de la repetición.

Usar Historias Para Construir Una Organización

El verdadero poder en la narración de historias no proviene de contar nuestra historia, sino de obtener las historias de otras personas. Cuando trabajas para crear un cambio social, quieres verte a ti mismo como un arquitecto de las relaciones humanas. La mejor forma de involucrar a las personas en las relaciones es pedirles que compartan sus historias. Una de las lecciones que enseñamos en la organización es que, si bien las reuniones son importantes para tomar decisiones y lograr que las personas marchen juntas, la mayor parte del trabajo se realiza a través de relaciones individuales. La mejor manera de hacer que una reunión sea exitosa, especialmente cuando hay mucho en juego, es hablar de antemano con las personas clave.

Pero incluso si estás en una gran reunión, antes de llegar a las tareas, pide a las personas que se dividan en parejas y compartan sus historias. Usa tu poder para crear una comunidad donde sea que estés y sea cual sea tu función en la organización. Cuanto más profundas sean las relaciones, más fácil será el trabajo. Una práctica que crea una cultura de respeto es pedirles a las personas que se sienten una frente a la otra y se turnen para contar su historia durante unos minutos mientras la otra persona escucha sin dar comentarios. Cuando cada persona termina de hablar, él o ella concluye diciendo: "He hablado". La otra persona responde: "Te escuché" o "Te vi". El mismo ritual se puede hacer cuando las personas cuentan su historia frente a un grupo. Conecta el acto de decir tu verdad con la experiencia de ser visto completamente como humano.

Con una orientación hacia la construcción de relaciones a través de historias, las organizaciones pueden construir vínculos más fuertes entre personas que ya comparten mucho en común y también unir a personas que provienen de diferentes orígenes. Los *caucus* o reuniones electorales organizados por raza, género, orientación sexual, y otras identidades crean un espacio para que las personas se apoyen mutuamente, conectan sus historias a una lucha histórica más amplia y crean poder colectivo.

Cuando las personas se reúnen de diferentes orígenes, comenzar con una historia puede romper las barreras sociales. No es necesario saber si estás de acuerdo con que alguien escuche tu historia. Y esa experiencia de ser visto y escuchado por otra persona es la mejor herramienta que tenemos para combatir las falsas jerarquías que disminuyen a las personas y las separan unas de otras.

Si deseas que las personas vean el mundo de manera diferente, comparte una historia que les abra el corazón. Mejor aún, dales el espacio para explicar su experiencia y pensamiento. Queremos que la gente piense de la manera que lo hacemos. Pero sin escuchar sus historias, nuestro deseo de convencer o influenciar puede terminar empujando a la gente a sus rincones, más aún ahora que las redes sociales han fracturado nuestras comunidades, haciendo posible que estemos expuestos solo a esas historias que refuerzan nuestra perspectiva en el mundo.

Las historias son especialmente importantes cuando intentamos que las personas vean las estructuras subyacentes que dan forma a nuestras vidas, las decisiones políticas intencionales que nos hacen socializar para que piensen que son normales y naturales. Una buena forma de comenzar a revelar estas decisiones es pedirle a la gente que reflexione explícitamente sobre las estructuras de oportunidad y opresión que han moldeado sus vidas y sus familias. Como expliqué en el capítulo 2, involucrarme en la organización me ayudó a ver cómo la historia de mi familia fue determinada por decisiones estructurales muy específicas (la visita de mis abuelos a Estados Unidos durante una breve ventana cuando las puertas se abrieron para los judíos de Europa occidental y cuando mis padres llegaron a la mayoría de edad durante el período posterior a la Segunda Guerra Mundial en un momento en que los judíos podían aprovechar los privilegios de ser blancos y cuando las políticas educativas, de vivienda y laborales estaban alzando a millones de familias blancas de clase trabajadora a la clase media). Reflexionar sobre mi historia familiar me ha ayudado a ser más consciente de mi privilegio, más relacionado con mi herencia de justicia social y más claro sobre cómo funciona la desigualdad.

Centrarse en ambas estructuras, que crean barreras y aquellas que proporcionan ventajas, ayuda a evitar la tendencia a mirar solo el déficit. Tenemos muchos ejemplos en nuestras historias familiares de políticas públicas que facilitan el avance social para algunas personas pero no para otras. A través de las políticas federales de vivienda que permitieron a algunas familias construir riqueza en sus hogares a políticas de admisión universitaria que privilegian a los hijos de ex alumnos y donantes, sabemos que las estructuras dan forma a las oportunidades. La historia de que la desigualdad es desafortunada pero inevitable es un mito. Cuando el gobierno rinde cuentas a los trabajadores, puede crear oportunidades y hacer que la sociedad sea más equitativa desde el punto de vista racial y económico. Tenemos la capacidad para conducir ese cambio. De hecho, lo que hace que la organización sea poderosa es que no solo nos da la capacidad de mejorar nuestras vidas y comunidades, sino que hace posible contar una nueva historia colectiva sobre lo que es correcto y cómo ocurre el cambio. Las organizaciones que ejecutan campañas exitosas construyen un depósito de historias que les dan a las personas la experiencia vivida de que el cambio es posible. Esto nos ayuda a disputar las historias que nos dicen las élites sobre mantenernos en nuestro lugar y aceptar las cosas como son.

Ganar La Batalla Por La Narrativa: Desafiar La Historia Dominante

Paul Medellin, un organizador de PICO en los años 80 y 90, solía dirigir un taller sobre el poder, en el que dibujaba un boceto de una ciudad con una burbuja sobre ella. Los medios por un lado y los intereses corporativos por el otro sostenían la burbuja. Algunas ideas se permitían, mientras que otras rebotaban. En el momento en que vi este entrenamiento, estaba trabajando como organizador comunitario en Filadelfia, y Ed Rendell era alcalde. Rendell era un negociante. Él invirtió cientos de millones de dólares de fondos públicos en grandes proyectos de desarrollo, incluyendo quince nuevos hoteles, un centro de entretenimiento DisneyQuest, el Centro Nacional de la Constitución, y un nuevo hogar para la orquesta sinfónica

de la ciudad. Todos estos proyectos se ubicaron en *Center
City* o el centro de la ciudad de Filadelfia. Su impulso para
revitalizar el distrito comercial central definió su
administración. Estableció su reputación, fuera de
Filadelfia, como un salvador de la ciudad.

Muchos de nosotros en la ciudad vimos las maniobras y
el tráfico de Rendell como una forma de absorber los
recursos de la ciudad y la voluntad política, lo que dificulta
que los poderes se concentren en los vecindarios donde
vivía la mayoría de las personas. La inversión en *Center
City* estaba gentrificanda en las áreas residenciales cercanas
mientras empujaba la plaga más profundamente en muchas
comunidades que estaban experimentando un círculo
vicioso de desinversión. La cantidad de casas y edificios
abandonados se disparaba. La mitad de los jóvenes en
muchas escuelas secundarias del vecindario dejaban la
escuela sin graduarse. Los empleos habían desaparecido.
La gente veía que sus vecindarios se convertían en
mercados de drogas al aire libre y el departamento de
policía se vio sacudido por investigaciones de corrupción.
Muy poco de estos "datos" sobre lo que sucedía en los
barrios de la ciudad se incluyó en la narrativa dominante de
Filadelfia como una ciudad en el mundo, dirigida por un
ministro duro y carismático. Y las propuestas para renovar
viviendas deterioradas y vincular el desarrollo de *Center
City* con la revitalización del vecindario a través de cuotas
de desarrollo rebotaron en la burbuja mágica que se cernía
sobre la ciudad.

Como Rendell promocionaba una narrativa sobre
Filadelfia y lo que necesitaba, él operaba en concierto con
los intereses de desarrollo inmobiliario en la región. Estos
hombres donaron millones de dólares a las campañas de
elección y reelección de Rendell, a menudo en cheques que
excedieron los $ 100,000. A lo largo de su mandato como
alcalde, Rendell trabajó codo a codo con el agente de poder

dominante de la ciudad, el senador estatal Vince Fumo. Fumo controlaba muchas instituciones de la ciudad, desde la autoridad portuaria hasta la junta escolar, que una vez fue representado en el periódico *Philadelphia Daily News* como un pulpo con veinte brazos. Juntos, Rendell, Fumo y el presidente del Concejo Municipal, John Street, canalizaron dinero hacia proyectos de desarrollo y contratos controlados por firmas de abogados y desarrolladores bien conectados. Los sindicatos de la construcción, que utilizaron una combinación de influencia política y violencia para mantener a los trabajadores negros y latinos fuera de los oficios mejor remunerados, fueron aliados clave, al igual que algunos de los principales políticos de la ciudad (blancos y negros), que estaban atados a las firmas de abogados que tenían una porción del sector de bonos vinculado a proyectos de desarrollo.

La estrategia de Rendell fue convertir a Filadelfia en el sexto municipio de Nueva York, un mini Manhattan. La historia del liderazgo de Rendell y el brillante futuro de Filadelfia se contaba en los dos periódicos de la ciudad, uno para el pueblo y otro para lectores más ricos y más suburbanos, ambos propiedad de la misma compañía. Los escándalos ocasionalmente salían al público. Pero el intrincado sistema de influencia y las políticas raciales y étnicas que determinaban quién obtenía los contratos y cuál trabajo desempeñaría quedaba en gran medida fuera de la narrativa. La línea principal de la historia era arena y renovación, ilustrada por el periodista Buzz Bissinger del *Philadelphia Inquirer* en su oda a Rendell y *bestseller, Una oración por la ciudad* (A prayer for the City).

El libro de Bissinger salió en 1997. Al final del término de Rendell en el 2000, el censo de los Estados Unidos mostró que Filadelfia había perdido 68,000 personas, un porcentaje mayor de pérdida de población que cualquier otra ciudad mayor de los Estados Unidos además de

Detroit[51]. La mediana de los ingresos familiares se redujo
en un 7 por ciento. La pobreza aumentó un 2.6 por ciento.
La pobreza latina fue la más alta en la nación, y la pobreza
negra entre las más altas[52]. Un mapa del abandono de la
vivienda en un lapso de tiempo mostró que la plaga se
extendía desde *Center City* hacia una gran cantidad de
vecindarios que antes eran estables[53]. Durante el término de
Rendell, la economía de los EE. UU. ganó 22 millones de
empleos, uno de los períodos más sostenidos de
crecimiento económico en una generación, aunque en la
mayoría de las medidas, Filadelfia perdió terreno frente a
otras ciudades durante su alcaldía[54]. Lamentablemente,
estos hechos no se interpusieron en la inspiradora historia
de un alcalde blanco que salvó una ciudad cada vez más
negra y marrón.

Para cuando Rendell dejó el cargo, los desarrolladores de
bienes raíces habían asegurado cientos de millones de
dólares en exenciones tributarias que durarían décadas.
Hicieron fortunas por gentrificar los vecindarios que
bordeaban *Center City*. Rendell estaba en camino de
convertirse en el gobernador de *Pennsylvania* basado en la
reputación que había construido como alcalde. Grandes
sectores de la ciudad habían vivido otro ciclo vicioso de
desempleo, violencia y desinversión que duró una década.
Eventualmente, tanto Johnny Dougherty (el jefe de los
oficios racistas de la construcción) como Vince Fumo (el
principal agente de poder de Filadelfia) fueron a la prisión
federal por cargos de corrupción. Pero esto ocurrió después
de que el daño ya estaba hecho.

Después de ocho años de decadencia urbana bajo Rendell
y mucha organización por parte de los residentes de
Filadelfia, la mirada de los líderes de la ciudad comenzó a
cambiar ante la crisis que se desarrollaba en los barrios. En
2000, durante la elección de la alcaldía para reemplazar a
Rendell, la organización para la que trabajaba dirigía una

campaña llamada Vecindarios Primero. En el momento de las elecciones, más de 200,000 autos abandonados estaban en las calles de Filadelfia, muchos quemados y boca abajo. Ninguno de ellos en *Center City*. Logramos hacer que estos autos desechados se convirtieran en un símbolo del abandono de los barrios. En un momento dado, pusimos calcomanías en miles de autos diciendo: "El próximo alcalde decidirá cuánto tiempo dura este automóvil en la calle, pero tu decidirás quién es el próximo alcalde".

Los candidatos compitieron para anunciar sus planes para lidiar con automóviles abandonados y la revitalización de la comunidad. Los periódicos de la ciudad, destruidos por la caída de la población y la disminución de la circulación, pasaron de impulsar el desarrollo de *Center City* a instar a los candidatos a centrarse en los vecindarios. John Street ganó las elecciones e hizo que los autos abandonados de la calle fueran su primera gran iniciativa política. Continuó para hacer de la revitalización del vecindario un foco de su administración.

La organización en Filadelfia durante esos años me enseñó que no podemos promover el cambio social sin asumir las historias dominantes que se utilizan para mantener las estructuras de desigualdad en pie. Lo difícil es que estas historias no están solo en las noticias esperando ser discutidas; están incrustadas en la mente de las personas como sentido común. Incluso las personas que pueden perder como resultado de una historia aún pueden creer que es verdad. Y esto no es solo una cuestión de personas engañadas. Las personas comprenden las historias dominantes porque ayudan a dar sentido a un mundo confuso y caótico. Las historias simples crean una sensación de seguridad.

Por supuesto, la mayoría de las personas que viven en el norte o el oeste de Filadelfia no aceptaron la visión de Ed Rendell de los edificios brillantes o les importa un comino ser el sexto distrito de la ciudad de Nueva York. El público principal de la narrativa dominante de Rendell fueron los electores y elites suburbanos que controlaban las instituciones de la región. Estos votantes lo ayudaron a convertirse en gobernador y luego emergerán como un poderoso agente del poder del Partido Demócrata. Rendell y los desarrolladores y ejecutivos corporativos que lo apoyaron recaudaron y gastaron decenas de millones de dólares. Usaron ese dinero para mantener unida a una coalición en el concejo municipal y en el Partido Demócrata de la ciudad. Siguieron dólares que fluyeron en los proyectos y los bolsillos adecuados. La luz que juega en el agua de una narrativa dominante es siempre una mezcla de argumentos con recursos suficientes que refuerzan el sentido común y el dinero se distribuyen estratégicamente para mantener todo unido.

Contar Una Nueva Historia

Exponer las grandes mentiras que sostienen la desigualdad es una parte importante del cambio social y puede ser energizante. Pero el trabajo más difícil a menudo es crear una nueva narrativa. Podemos ser muy claros acerca de la historia de nuestro oponente, pero blandos sobre las nuestras. El conflicto de la narrativa es casi siempre desigual. Rara vez tenemos los recursos para crear una nueva historia de una fabulación. No siempre tenemos una plataforma tan grande como la que tenía Ed Rendell en Filadelfia. Más a menudo, nos queda la búsqueda de una línea argumental existente que no reciba suficiente atención y tratemos de alimentarla. Otras veces, debemos luchar para cooptar una narrativa existente y hacerla nuestra.

Una clave es encontrar metáforas simples que tengan sentido en las entrañas de las personas. *Frameworks*, una organización que investiga la opinión pública, realizó un estudio sobre las actitudes sobre la justicia penal. Este problema tiende a resaltar las opiniones menos generosas de la gente sobre la responsabilidad individual y el castigo por el mal comportamiento. Hacer que la gente se concentre en cómo las estructuras y políticas enredan a las personas en el sistema de justicia y cómo el racismo puede alimentar este proceso puede ser difícil. *Frameworks* filmó algunos videos preocupantes de personas blancas desconcertantes sobre las disparidades raciales en las convicciones por casos de drogas. Los estudios muestran que las personas de raza negra usan drogas a niveles más bajos que las personas blancas, pero son arrestados y encarcelados por posesión de drogas a tasas mucho más altas. En los videos, puedes ver a los participantes del grupo de enfoque resistir hechos indiscutibles sobre estas disparidades. Los participantes presentan muchos argumentos sobre por qué sus prejuicios son correctos y los datos incorrectos. Eso es porque las historias que las personas tienen en sus mentes casi siempre triunfan sobre los datos.

Sin embargo, *Frameworks* encontró una metáfora (que, en cierto sentido, es una mini historia) que fue efectiva para lograr que la gente pensara en la justicia penal en términos de estructuras: un laberinto. Si introduces la idea de un laberinto en una conversación sobre justicia penal, las personas comienzan a hablar sobre cómo se siente caer en un sistema que no comprende. Las personas con dinero o influencia pueden ver las salidas, pero otras no. Terminarás dando vueltas al mismo lugar una y otra vez si no obtienes ayuda. Hacer que las personas cuenten sus propias historias que explican cómo las estructuras laberínticas moldean el comportamiento no requiere mucha atención. El poder de una historia colectiva descansa en si las personas pueden apropiarse de la narrativa y repetirla con sus propias palabras.

En el año 2000, las organizaciones comunitarias de
Oakland (OCO por sus siglas en inglés) trabajaron con
padres en vecindarios de clase trabajadora en Oakland,
California, donde las escuelas estaban tan abarrotadas que
funcionaban en dos turnos. Los puntajes de los exámenes
de los estudiantes eran abismales. Liz Sullivan, una
organizadora de OCO, trabajó con un grupo de padres para
hacer un mapa simple de Oakland que destacó el tamaño,
los resultados de las pruebas y las ubicaciones de todas las
escuelas, que mostró visualmente el vínculo entre el
número de estudiantes que asisten a la escuela y los
resultados en cuanto a su educación. El mapa ayudó a
iniciar lo que se llamó el Movimiento de Escuelas
Pequeñas Autónomas, que luego transformó la educación
pública en la ciudad. OCO tenía claro que "pequeño"
significaba escuelas que fueron desarrolladas por padres y
maestros en torno a las necesidades de los estudiantes y
responsables ante la comunidad. Los padres persuadieron al
distrito escolar a crear una "pequeña incubadora de
escuelas" de la cual se crearon más de cincuenta nuevas
pequeñas escuelas públicas autónomas, la mayoría de las
cuales aún superan a las escuelas públicas tradicionales.
Casi todos están más estrechamente integrados en sus
comunidades.

Los escépticos y opositores desafiaron a estas pequeñas
escuelas, diciendo que lo pequeño no significa bueno. Pero
este retroceso ayudó a impulsar, en lugar de terminar, la
conversación. Una buena metáfora nos da algo con qué
trabajar. Los padres pudieron usar la idea simple y clara de
las escuelas pequeñas para hablar sobre las escuelas en las
que sus hijos no pasarían desapercibidos. Al hacerlo,
contaron una nueva historia sobre la educación en su
ciudad, una historia que se construyó alrededor de las
necesidades de sus hijos, y la controversia que generó solo
ayudó.

De todas las historias de justicia social que recorrieron nuestro país en los últimos años, *Black Lives Matter* ha sido la más convincente e influyente. Alicia Garza, cofundadora, describe su origen de esta manera: "Creé *#BlackLivesMatter* con Patrisse Cullors y Opal Tometi, dos de mis hermanas, como una llamada a la acción para los negros después de que el joven de 17 años Trayvon Martin fuera puesto a prueba póstumamente por su propio asesinato y el asesino, George Zimmerman, no fue considerado responsable por el crimen que cometió. Fue una respuesta al racismo anti-Negro que impregna nuestra sociedad y también, desafortunadamente, nuestros movimientos"[55]. *Black Lives Matter* se volvió viral porque surgió de una lucha común, y muchas personas vieron sus propias historias en un momento de gran dolor. Como Alicia deja en claro, el punto de estas palabras juntas y empujadas hacia el mundo por tres mujeres homosexuales afroamericanas fue el de desestabilizar radicalmente a la sociedad en general y al movimiento por la justicia social. La débil respuesta racista de que "todas las vidas importan" puede ser dolorosa de escuchar. Pero es una señal de que *Black Lives Matter* es poderosa y no se puede negar. Es un recordatorio de que las buenas historias de justicia social no resuelven la tensión. Nos obligan a profundizar en las verdades que las narrativas dominantes intentan ahogar.

Todos deberían leer lo que Alicia escribió directamente, pero parte de lo que me llamó la atención, particularmente siendo un hombre blanco, fue lo siguiente: "*#BlackLivesMatter* no significa que tu vida no es importante, significa que las vidas negras, que se ven como sin valor dentro de la supremacía blanca, son importantes para tu liberación". La historia de *Black Lives Matter* no solo obliga a una elección moral para cada persona que lo escucha a aceptar o negar cuatrocientos años de opresión racial, sino que al igual que las escuelas pequeñas exigen, crea una plataforma para personas cuyos destinos se entrelazan para unirse a una lucha común, que conduce al próximo capítulo sobre equipos de justicia en movimientos más grandes.

CAPÍTULO 5: EL EQUIPO - HALLAR UNA BASE EN UN MOVIMIENTO AL CAMBIO

Después de la universidad, viví en una casa que compartía con otras tres personas. Uno de ellos era un marrano. No limpiaba, no iba de compras ni hacia ninguno de los otros trabajos necesarios para que cuatro personas pudieran vivir juntas. Por un tiempo, el resto de nosotros tratamos de compensar por lo que él no hacía. Pero finalmente, nuestro pequeño grupo iba en rumbo derecho al desastre. Nos retiramos a nuestras habitaciones y esperamos a que se terminara el contrato. Conozco personas que han tenido la experiencia opuesta, que aún son los mejores amigos de sus antiguos compañeros. ¿Por qué algunos equipos se disparan, mientras que otros chocan y desvanecen? ¿Y qué hace posible construir sistemáticamente equipos de justicia social que saquen lo mejor de sus miembros y puedan impulsar el cambio en el mundo?

Tener personas con las que confíes para caminar es indispensable para una vida de justicia social. Todos los cambios importantes que hacemos en el mundo se hacen junto a otras personas. Sin embargo, encontrar (o construir) un buen equipo de personas para conspirar nunca es fácil. El desafío de formar equipos y mantenerlos juntos es con lo que los organizadores pasan la mayoría del tiempo luchando. Y es el talón de Aquiles de un proceso de justicia social estadounidense en el que la mayoría de los llamados miembros nunca se han conocido, y mucho menos participaron en el tipo de organización cara a cara que ha sido el alma de todos los movimientos sociales de la historia.

Este capítulo sobre la construcción y el mantenimiento de los equipos de justicia social está organizado en tres secciones. La primera analiza el valor de los grupos pequeños, para nosotros como individuos, así como para organizaciones y movimientos más grandes. El segundo comparte cuatro prácticas que preparan a los equipos para el éxito: la confianza, el propósito compartido, roles claros y una cultura de aprendizaje. La sección final ofrece un ejemplo de cómo un gran número de pequeños grupos interconectados que combinan el crecimiento personal y la acción social pueden cambiar la historia.

Por Qué Los Pequeños Grupos Individuales Son Indispensables Para El Cambio Social

La iglesia Saddleback, en el Condado de Orange, California, es una gran institución construida sobre una base de pequeños grupos, dirigida por el reverendo Rick Warren, autor de *Una vida con propósito*, la iglesia cuenta con más de veinte mil personas que acuden regularmente cada domingo, lo que la convierte en una de las congregaciones religiosas más grandes de los Estados Unidos. Una clave para su crecimiento ha sido la creación de miles de pequeños grupos que proporcionan una base de operaciones para sus miembros. Steve Gladen, el líder de los Ministerios de Pequeños Grupos de Saddleback, escribe que la iglesia tiene "más personas en grupos pequeños que los que asisten a nuestros servicios de fin de semana"[56]. A través de los grupos, las personas oran juntas, comparten problemas, estudian, y se involucran en servicio y alcanzar a otros. La iglesia tiene una estructura que brinda capacitación y apoyo a los líderes del grupo y conecta a los grupos con la misión y las actividades más amplias de la institución. Gladden dice: "Vemos a las personas que sirven como anfitriones e identificamos a los que son pastores naturales. Luego comenzamos a educar a estas personas a través de un "Camino de liderazgo de grupos pequeños" que les ayuda a comprender el ministerio, reconocer el llamado de Dios en sus vidas y luego capacitarlos en aspectos fundamentales de la cabeza y el corazón para que puedan ser efectivos en el ministerio. ¡Tomamos anfitriones y los convertimos en líderes!"[57]

Muchas de las prácticas de organización y desarrollo de liderazgo que hacen que Saddleback sea exitosa, también, se aplican al cambio social impulsado por un propósito. Los grupos pequeños brindan a las personas un espacio para respirar, pensar, encontrar apoyo y crecer. Cuanto mayor sea la institución o el movimiento, mayor será la necesidad de espacios pequeños en los que las personas puedan conectarse. Ninguno de nosotros llegamos al trabajo de justicia social completamente formados. Convertirse en una persona pública que puede actuar con confianza contra la injusticia es difícil. Debemos estar cerca de personas que puedan evitar que retrocedamos a nuestras zonas de confort. Necesitamos lugares donde podamos poner a prueba nuestras voces, conectarnos con socios que complementan nuestros talentos y encontrar un sentido de pertenencia.

Un problema candente puede llevarnos a una primera reunión, pero lo que nos hace regresar son las relaciones que construimos. Hay un punto que los grupos exitosos pasan, similar al nivel alto de un corredor, después del cual las personas no necesitan que se les persuada para asistir a las reuniones. En ese punto, las relaciones, no la agenda, mantienen unidas a las personas y hacen que el trabajo parezca más fácil.

Estar en un equipo, también, le da a la gente la capacidad de negociar sus intereses dentro de una institución o movimiento más grande. Incluso en las organizaciones que trabajan en una sola ciudad, las personas sin equipos pueden terminar recibiendo engranajes en un sistema más grande. Si no participamos activamente con los demás en la toma de decisiones sobre el trabajo de cambio social que estamos llevando a cabo, podemos terminar siendo manos, no jefes, recibiendo pequeñas tareas discretas, como firmar peticiones o asistir a conferencias. Para ser agentes de nuestro propio destino en lugar de objetos de los planes de otras personas, requerimos de compañeros de equipo.

Es por eso que los capítulos cara a cara, los grupos pequeños y los equipos son los componentes básicos de los movimientos sociales de masas. Un ejemplo temprano en la historia de Estados Unidos es el movimiento antiesclavitud. Hasta la década de 1820, las principales organizaciones que trabajaban para acabar con la esclavitud en los Estados Unidos eran un pequeño número de sociedades, lideradas principalmente por prominentes cuáqueros. Estas asociaciones "abogaban [por] la abolición gradual de la esclavitud" utilizando "tácticas de manumisiones voluntarias, asistencia legal para negros y peticiones a los gobiernos estatales"[58]. Sus tácticas y membresía eran limitadas. Muchas otras personas, incluidos muchos negros libres, tenían energía para una oposición más directa y rebelde a la esclavitud, pero estos participantes potenciales carecían de las estructuras organizativas para expresar esa resistencia.

Entonces algo cambió. Los abolicionistas decidieron adoptar una estrategia y estructura de organización diferente a principios de la década de 1830. Se inspiraron en rebeliones de esclavos, como el levantamiento de 1831 en Virginia dirigido por Nat Turner y el Segundo Gran Despertar, un renacimiento religioso que extendió un espíritu de reforma moral en el país. En 1832, los principales abolicionistas lanzaron la Sociedad antiesclavitud norteamericana o *American Antislavery*

Society, una nueva organización con una membresía nacional que incluía tanto negros como blancos. Eligieron una "estructura federada formada por capítulos locales, estatales y nacionales anidados [que] permitieron una expansión tipo franquicia... proporcionando una plantilla para la organización y una forma de vincular a los grupos locales con un esfuerzo nacional"[59].

En su artículo, Antiesclavitud en América: La prensa, el púlpito y el surgimiento de las sociedades antiesclavistas *(Antislavery in America: The Press, the Pulpit, and the Rise of Antislavery Societies)*, Marissa King y Heather Haveman muestran cómo este cambio en la estructura organizativa y la filosofía hicieron de la abolición el primer movimiento social estadounidense a gran escala. "La *American Antislavery Society* inició una campaña de base popular para promover la abolición inmediata, en lugar de hacer que ciudadanos prominentes firmaran peticiones o presentaran demandas, la [sociedad] buscó construir un amplio apoyo entre la ciudadanía para terminar con la esclavitud a través de una transformación moral que convertiría a toda la población en abolicionistas"[60].

El fervor de la nueva estructura se refleja en la constitución de 1838 de la organización:

> Organizaremos Sociedades Antiesclavistas, si es posible, en cada ciudad, pueblo y aldea de nuestra nación. Mandaremos agentes para levantar la voz de protesta, advertencia, súplica y reprensión. Vamos a circular sin prisa y ampliamente tratados antiesclavistas. Engancharemos al púlpito y a la prensa en la causa. Apuntaremos a la purificación de las iglesias de toda participación en la culpa de la esclavitud.[61]

La membresía explotó. En su apogeo, la *American Antislavery Society* tenía más de mil seiscientos capítulos locales. Involucró a decenas de miles de personas en organizaciones cara a cara contra la esclavitud. La mayor participación se produjo en los estados con la mayor población negra libre. Solo en 1835, la sociedad distribuyó más de un millón de folletos y narrativas auxiliares. Muchos participantes en sociedades antiesclavistas locales pasaron a ser conductores en el Ferrocarril Subterráneo. Los componentes centrales del movimiento de abolición incluyeron la membresía multirracial masiva, las sociedades o los capítulos locales, agentes de viaje, acción directa y una ética de resistencia moral a la injusticia que formaron todos los movimientos sociales subsiguientes en la historia de los EE. UU., desde el sufragio femenino hasta la eliminación del trabajo infantil al Movimiento por los derechos civiles.

En su libro *Disminución de la democracia: de la membresía a la gestión en la vida cívica estadounidense* (Diminished Democracy: From Membership to Management in American Civic Life), Theda Skocpol explica que, al igual que el movimiento de abolición, las organizaciones sociales más grandes y exitosas de los Estados Unidos se han organizado en líneas federadas, con estructuras nacionales, estatales y locales [62]. Este enfoque para construir organizaciones y movimientos ha sido poderoso precisamente porque crea espacios para que un gran número de personas participe directamente en equipos cara a cara, mientras los conectan entre sí y coordinan su trabajo a través de grandes distancias.

Las organizaciones que llegan a las comunidades locales y pueden ejercer presión a gran escala sobre el gobierno federal son especialmente importantes en los Estados Unidos debido al tamaño del país y la forma en que nuestro gobierno fue diseñado para bloquear el cambio. Los treinta y nueve hombres que escribieron la Constitución de los EE.UU. (once de los cuales poseían o administraban plantaciones de esclavos) hicieron extraordinariamente difícil aprobar políticas para reinar en las elites, erradicar la esclavitud o beneficiar a los trabajadores. Desde el diseño del Senado, donde un senador puede detener el avance de toda una legislación, hasta la separación de poderes entre el presidente, el Congreso y la Corte Suprema de Justicia, estructuró las reglas del gobierno para proteger el statu quo y frenar el cambio. Jugamos a la política en un campo inclinado. La profunda frustración que sienten los estadounidenses sobre la incapacidad del Congreso para abordar los asuntos que más importan en nuestras vidas es extrema, hoy. Pero el grito contra los políticos que no hacen nada no es nuevo ni es un accidente. Es el producto de cómo un pequeño número de hombres blancos ricos diseñó el gobierno federal, así como muchos de nuestros gobiernos estatales.

Desafortunadamente, desde la década de 1970, las organizaciones de justicia social que llegan a las comunidades se han visto eclipsadas por lo que Skocpol denomina "asociaciones de listas de correo dirigidas por el personal, sin afiliados de grupos locales o estatales"[63]. "Si surge una nueva causa, la gente piensa en abrir una oficina nacional, recaudar fondos a través del correo directo y contratar a un asesor de medios"[64]. En contraste, la Coalición Cristiana y otras organizaciones conservadoras siguen confiando en estructuras que crean espacios para que las personas tomen medidas locales significativas en sus comunidades, conectadas con asuntos morales y políticos más amplios. Pero las organizaciones progresistas y especialmente ambientales se relacionan principalmente con los miembros como donantes individuales o activistas en línea. En 2000, Robert Putnam escribió: "Prácticamente todos los principales grupos ambientalistas estadounidenses (así como miles de organizaciones más pequeñas) son adictos al correo directo como una herramienta de movilización y retención de miembros"[65]. En la actualidad, las organizaciones nacionales llenan nuestros buzones con correo electrónico y nos reclaman como miembros únicamente sobre la base de que donamos unos cuantos dólares o firmamos una petición en línea.

La debilidad inherente de las organizaciones de listas de correo se puede ver en el fracaso espectacular de las organizaciones ambientales de la nación para garantizar la legislación sobre el cambio climático durante el primer mandato de Obama. Skocpol muestra cómo las organizaciones de "*Big Green*" entraron en la lucha con cientos de millones de dólares, de donaciones de correo directo, para gastar en cabildeo y grandes listas de "miembros". Pero carecían de una base de personas profunda y movilizada, necesaria para crear presión moral y política para la acción sobre el cambio climático. Esto hizo posible que la industria de combustibles fósiles usara cabilderos influyentes, cientos de millones en contribuciones de campaña y reglas del Senado para bloquear la acción en la legislación de límites máximos y comercio.

Lawrence Goodwyn captura el vínculo que enfrentamos hoy en su libro *El momento populista: una breve historia de la revuelta agraria en Norteamérica* (The Populist Moment: A Short History of the Agrarian Revolt in America). El populismo, que comenzó en la década de 1870, fue el mayor movimiento demócrata en la historia de Estados Unidos y un precursor de nuestra lucha actual para restringir el poder corporativo. Goodwyn escribe: "La [H]istoria no respalda la noción de que los movimientos de protesta masiva se desarrollan debido a los tiempos difíciles. Las economías deprimidas o los arreglos explotadores de poder y privilegios pueden producir años de escasez e incluso generar vidas para millones de personas, pero... no producen una insurgencia política masiva"[66]. Las crisis que enfrentamos en nuestro propio tiempo están vaciando la clase media y empobreciendo a más personas. Pero ni esta dificultad ni la conciencia generalizada de la influencia corrupta de los intereses adinerados son suficientes para crear una revolución social. Por lo contrario y según Goodwyn, "los movimientos democráticos se inician por personas que logran de forma individual alcanzar un alto nivel de auto respeto político personal. No se resignan; ni se intimidan. Su sentido de autonomía les permite atreverse a tratar de cambiar las cosas buscando influir a los demás"[67].

Al igual que los abolicionistas después de 1832, los populistas buscaron cambiar fundamentalmente la forma en que los estadounidenses veían a su sociedad. Representaban a cuarenta mil conferenciantes que, al igual que los agentes antiesclavistas, viajaban por el país hablando a grupos de agricultores y trabajadores urbanos. Los participantes no solo aparecían para los discursos; estaban directamente involucrados en la organización diaria contra las estructuras económicas que empobrecían a sus familias. Habían pasado muchos años "hablándose unos a otros sobre sus problemas. Habían leído libros sobre la economía en un esfuerzo por descubrir qué había salido mal" y habían formado organizaciones cooperativas locales que controlaban. Goodwyn dice que esta "lucha cooperativa... engendró en millones de personas lo que Martin Luther King más tarde llamaría un 'sentido de ser alguien'". Esto es lo que le dio a la gente la capacidad de enfrentarse a los proverbiales faraones de su tiempo". Así armados, los populistas intentaron aislarse de las enormes presiones políticas, económicas y sociales que acompañaron el surgimiento de las corporaciones estadounidenses"[68].

Mucho ha cambiado en nuestros tiempos, desde la Internet hasta la globalización. Pero las fuerzas a las que nos enfrentamos están más atrincheradas. Y la sensación de resignación e intimidación de la gente ha sido generalizada.

Al igual que los populistas y los bolivistas, necesitamos un movimiento que pueda despertar a los estadounidenses, que pueda llegar a todos los pueblos y ciudades. Para llegar allí, necesitamos estructuras cara a cara que nos conecten unos con los otros y con un movimiento más grande. Los espacios donde podemos convertirnos en alguien y poner a prueba los límites establecidos por la sabiduría convencional son igualmente indispensables en la actualidad. Eso es lo que hace que la construcción de equipos poderosos, decididos e interconectados sea tan vital. Y sabemos mucho sobre cómo hacerlo bien.

Crear Equipos Y Configurarlos Para El Éxito

Los equipos son más que solo una estructura o técnica. Al igual que todas las conversaciones de *¡Levántate!*, son una forma de pensar acerca de cómo las personas crean significado y resuelven problemas juntos. Ver el cambio social a través de la lente de equipos decididos cambia la forma en que diseñamos nuestras organizaciones y movimientos. Cambia las elecciones que hacemos para facilitar grupos y diseñar estrategias. No es suficiente programar una reunión y esperar que la gente se presente o se alegre de que el salón esté lleno. Como facilitador, puedo intentar enfocar a las personas en su propósito, exponer las fuerzas a las que nos enfrentamos o pedirles a las personas que compartan sus historias. Pero la pregunta principal que pasa por mi mente es si las personas ya están organizadas en grupos pequeños. Si no, estoy pensando en cómo puedo hacer que eso suceda lo antes posible. Quiero hacer que la gente se agrupe, energizar a esos grupos y prepararlos para el éxito para que puedan atraer a más personas.

Esta sección se enfoca en cuatro elementos: confianza, propósito compartido, roles claros y cultura de aprendizaje, que ayudan a los equipos de cambio social a prosperar y posibilitar que un gran número de personas trabajen juntas para avanzar la justicia en un mundo incierto. Cuando hay mucho en juego, pueden hacer o deshacer equipos y, en última instancia, movimientos sociales.

Confianza

La confianza social es el punto de partida de los equipos exitosos, sobre todo para los grupos que tienen la audacia de asumir el statu quo en una sociedad polarizada por raza, clase, género y religión. La gente debe saber que se apoyan unos a otros. Esto no solo significa estar seguro de que si te caes, tus amigos te atraparán o que si pierdes tú empleo tratando de organizar un sindicato, tus compañeros de trabajo te cuidarán. Significa estar dispuesto a ser vulnerable. En *Las Cinco Disfunciones de un Equipo: Una Fábula de Liderazgo*, Patrick Lencioni define este tipo de confianza como "la confianza entre los miembros del equipo de que las intenciones de sus compañeros son buenas, y que no hay razón para ser protector o cuidadoso con el grupo"[69]. Para hacer que los equipos trabajen, debemos abrir nuestros corazones y esperar lo mismo de los demás. Cuando los equipos no son lugares emocionalmente veraces, las personas patinan sobre la superficie. No hacen que uno sea responsable. Una o dos personas pueden sacar al grupo de los carriles. El todo no es mayor que la suma de las partes, derrotando el propósito de ser un equipo.

Las personas deben aprender a ser honestas sobre cómo experimentan la raza y el género de manera diferente. Tenemos que luchar contra la tendencia a replicar los patrones opresivos y jerárquicos de la sociedad en nuestros propios grupos y organizaciones. Todos deben ser conscientes de quiénes son las voces que dominan las discusiones en las reuniones y cómo la raza y el género de alguien influyen en cómo se reciben sus ideas. Para funcionar eficazmente en un movimiento multirracial, debemos dominar una base de conocimiento, discutida en el capítulo 2, sobre el privilegio blanco, la ansiedad racial y la forma en que las sociedades se estructuran en torno a falsas jerarquías de valor humano. Debemos poder hablar explícitamente sobre el racismo y el patriarcado y reconocer cómo modelan nuestro comportamiento individual, las relaciones interpersonales y la dinámica de grupo. La capacidad de decir la verdad tal como la experimentamos y de escuchar cosas sobre nosotros mismos que no conocemos, sin titubear, nos hace emocionalmente inteligentes y racialmente conscientes. Y si se toman como una responsabilidad principal, no un complemento, estas habilidades pueden ayudar a un equipo a forjarse en una herramienta para desmantelar el racismo, el sexismo y otras formas de discriminación.

Por supuesto, es más fácil *aspirar* a la inteligencia emocional y la autoconciencia que *practicarlas*, especialmente cuando crees que tus esfuerzos personales pueden cambiar el mundo. Una certeza acerca de la política es que puedes lograr casi cualquier cosa si estás dispuesto a no tomar el crédito. Cuando trabajaba en una campaña para sacar los autos abandonados de las calles de Filadelfia, nuestra organización logró que todos los funcionarios locales y estatales involucrados llegaran a un acuerdo sobre una solución. Pero pasaron otros seis meses para aclarar quién anunciaría que habían resuelto el problema. La mayoría de nosotros queremos desesperadamente marcar una diferencia. Y también queremos obtener algo de crédito. Una presunción necesaria del cambio social es que cada uno de nosotros siente que agregamos la última gota que derramó el vaso. La creencia de que nuestra contribución importa es parte de lo que nos impide tomar una decisión y dejar que otros hagan el trabajo. Pero siempre hay tensión entre lo que mi ego requiere para ser feliz y lo que debo hacer como uno de tantos para apoyar a un grupo saludable que pueda cumplir sus metas.

A los organizadores les gusta citar al rabino Hillel, quien preguntó: "Si no estoy a mí favor, ¿quién lo estará? Pero si estoy solo a mí favor, ¿quién soy? ¿Si no es ahora, cuando?"[70] En la vida real, no es fácil descubrir cómo ser para ti y para otros. Los equipos fuertes viven en el punto donde se encuentran estas tres preguntas. Los equipos fuertes son lugares donde las personas pueden ser emocionalmente honestas sobre lo que necesitan del grupo y el grupo puede ser muy claro sobre lo que necesita de cada persona.

Para ayudar a los grupos de los que formamos parte o los entrenadores, profundicemos, debemos volver a la discusión en el capítulo 3, sobre el uso de nuestro estado emocional para señalar la gratitud y la abundancia y para construir organizaciones orientadas a objetivos. La gente necesita conocer las historias y motivaciones de uno y otro. Necesitan sentir que pertenecen e importan. Necesitan escuchar al grupo decirles por qué son valorados. En *Las Cinco Disfunciones de un Equipo*, Lencioni lo empuja aún más. Describe un ejercicio de efectividad del equipo que "requiere que los miembros del equipo identifiquen la contribución más importante que cada uno de sus compañeros brinda al equipo, así como el área que deben mejorar o eliminar por el bien del equipo"[71]. Lencioni se refiere a equipos de trabajo, pero la idea subyacente de que la honestidad crea confianza, y la confianza genera la capacidad de pensar y actuar en conjunto, se aplica aún más a los equipos de justicia social que se enfrentan contra oponentes poderosos.

Propósito Compartido

Los miembros del equipo deben trabajar juntos para lograr un objetivo compartido importante que todos entiendan y posean. Esto parece obvio, pero esta comprensión a menudo falta tanto en los grupos pequeños como en las grandes organizaciones. En un pequeño grupo, es bueno hacer las siguientes preguntas: si llevas a cada miembro del equipo a una sala por separado y le preguntas qué estaba tratando de lograr el equipo, ¿obtendrías la misma respuesta clara de todos? Cuando observas cómo los miembros del equipo pasan su tiempo fuera de las reuniones, ¿puedes ver evidencia de que están trabajando juntos para lograr el mismo objetivo?

Cuando un equipo tiene un propósito compartido, sus miembros se consumen tratando de lograr un solo resultado importante. No solo están conectados por un conjunto de valores, una perspectiva del mundo, un trabajo que está estrechamente relacionado o un tiempo de reunión regular. Son capaces de describir claramente lo que sería diferente si y cuando el equipo tiene éxito. Saben qué significará el éxito para sus vidas, en lugar de ser capaces de simplemente dar una lista completa de las actividades en las que participa el grupo. Todos los miembros del equipo pueden explicar no solamente lo que están haciendo para que el resultado sea una realidad, sino también los roles que juegan otros miembros del equipo y por qué cada uno es importante para el resultado.

Para las campañas electorales, las campañas de sindicalización, o los esfuerzos para aprobar las medidas electorales, donde hay fechas límites difíciles y resultados de ganadores y perdedores, el propósito compartido a menudo puede parecer claro. Pero incluso en estas situaciones, los equipos deben organizarse alrededor de objetivos, no de tareas. Las personas deben entender claramente cómo las metas de su equipo están relacionadas con el éxito mayor de la campaña.

Este enfoque en los objetivos del equipo fue un principio clave utilizado por la campaña presidencial de Obama en 2008. La campaña se basó en equipos de voluntarios para impulsar su programa de campo y cumplir con los requisitos de registro de votantes, persuasión y participación que la mayoría de las campañas dejan al personal remunerado. Cada equipo de voluntarios tenía objetivos significativos que ayudaban a las personas a sentir que eran dueños de la pieza del rompecabezas de su equipo y a entender lo que tenían que hacer y por qué. Como explican Elizabeth McKenna y Hahrie Han en *Innovadores: cómo los 2.2 millones de voluntarios de Obama transformaron su campaña en Estados Unidos*, las metas cambiaron a medida que avanzaba la campaña. Las métricas cambiaron de reclutar voluntarios y crear nuevos equipos en las primeras etapas para contactar a los votantes más cerca del día de las elecciones. Pero la idea subyacente de que los equipos requerían autonomía y voluntad se mantuvo constante, lo que se refleja en el lema de la campaña, "Respetar, empoderar e incluir".

Cuando no hay una fecha límite fija como el Día de las Elecciones o cuando los equipos tienen una misión más amplia, enfocar a todos en una sola medida de éxito requiere más trabajo. El grupo debe definir el objetivo y descubrir cómo lograrlo. Cuando un equipo es parte de un movimiento más amplio, debe negociar sus propios objetivos con otros equipos. Al igual que con los equipos de campaña de Obama, es importante definir el trabajo en la mayor cantidad posible y luego cambiar la responsabilidad de averiguar cómo tener éxito en cada equipo.

Por ejemplo, un equipo que trabaja para presentar una proposición en la boleta estatal para aumentar el salario mínimo podría ser responsable de recolectar el número específico de firmas válidas que requiere su condado para calificar la medida como parte de una meta más amplia de recolección de firmas en todo el estado. Esto es diferente de decirle al grupo: "Aquí están los días en los que queremos que recopilen firmas en estos lugares". El primero infunde un propósito. El último se trata de cómo ejecutar. El equipo debe encontrar la mejor manera de lograr el objetivo, ajustar su estrategia y ver el objetivo hasta el final. Deben tener en cuenta que algunas firmas serán descartadas. Entonces, la misión es alcanzar el objetivo de las firmas válidas y volver a las calles si no se cumple el objetivo.

O digamos que tratamos de conseguir que se apruebe una ordenanza para exigir a los empleadores de nuestra ciudad que proporcionen tiempo remunerado por enfermedad a sus empleados. Idealmente, tenemos equipos que tienen la responsabilidad de entregar el voto del concejal que representa a su distrito. Una forma de acercarse a la campaña sería: "Hagamos una reunión pública en cada distrito del consejo para obtener apoyo para la ordenanza". El trabajo de cada equipo sería organizar ese evento. Nada está mal con ese enfoque. Pero ¿y si hiciéramos que todos los equipos se reúnan y digan?: "Está bien, cada uno se compromete a entregar un resultado específico de nuestro concejal" (dependiendo de dónde el concejal comience en su apoyo, las opciones podrían ser copatrocinar el proyecto de ley, votar sí, abstenerse o, en el peor de los casos, oponerse menos verbalmente). Cada equipo es responsable de lograr un resultado medible concreto. Cómo los grupos cumplen sus compromisos variará. Algunos podrían decidir celebrar una gran reunión pública con su concejal. Otros podrían organizar una vigilia frente a la oficina del concejal o una reunión con empresarios de pequeñas empresas que apoyan la campaña. Ahora la discusión en el equipo ha pasado de descubrir cómo planificar una buena reunión a cómo emitir un voto afirmativo (o neutralizar a un oponente). Este cambio puede ser sutil, pero para que un equipo cuente con la voluntad, debe ser dueño de la estrategia. Es probable que un plan informado por las personas más cercanas al problema sea mejor. Y la lucha colectiva con la forma de ganar es cómo los equipos crecen y ganan confianza. Al inspirar a los equipos y luego confiar en ellos para resolver las cosas, ayudamos a las personas a encontrar juntos su propósito.

Por supuesto, el propósito del grupo puede cambiar. Las personas aportan diferentes perspectivas e intereses, y lo que más les importa cambia con el tiempo. Cuando nuestra organización de padres luchaba para proteger el programa de autismo en nuestro distrito escolar, comenzamos con una meta muy clara de detener $171,000 en recortes en el presupuesto final del distrito escolar. Sin embargo, una vez que comenzamos a negociar con la junta escolar, los padres de nuestro equipo reaccionaron de manera diferente a las ofertas de un compromiso. No habíamos hecho suficiente trabajo para hablar juntos sobre qué representaría el éxito. Esto se hizo aún más claro cuando un padre de familia que no tenía un programa de autismo, pero que lo necesitaba, comenzó a tomar el liderazgo en el grupo. ¿Luchamos para proteger un programa o para que este enfoque efectivo esté disponible para todos los estudiantes en el distrito escolar? Tuvimos que dar un paso atrás para determinar exactamente qué estaban tratando de lograr los *Padres Preocupados de los Estudiantes con Autismo de Arlington*, y cómo podríamos saber si tuvimos éxito. Esa conversación terminó inspirándonos porque nos dimos cuenta de que teníamos un propósito más amplio.

Las metas claras de todo el equipo deben tener un sentido de urgencia. Los mejores equipos se reúnen semanalmente, hablan diariamente, y envían mensajes de texto y correos electrónicos constantemente. No hay una receta mágica, y muchos equipos exitosos se reúnen con menos frecuencia.

Pero como el dinero inunda nuestro sistema político, tenemos que elevar el listón de lo que se espera de uno a otro. Cuando me organizaba con padres en Filadelfia, trabajamos con una organización hermana llamada Jóvenes Unidos para el Cambio o *Youth United for Change* (aun es uno de los grupos organizadores de jóvenes más exitosos en los Estados Unidos) que organizaba estudiantes en las mismas escuelas secundarias donde organizábamos a los padres. Los estudiantes se reunían semanalmente, y ese ritmo, combinado con estar dentro de la escuela, les daba energía y les permitía organizar círculos alrededor de los padres, que se reunían irregularmente. Por supuesto, muchos de nosotros tenemos vidas complicadas, entre el trabajo y los compromisos familiares. Pero a veces los eventos que suceden cada semana, como un reloj, son más fáciles de incorporar a nuestras vidas. Incluso si las reuniones son cortas, cuanto más regularmente nos reunamos, más calor intenso podemos generar.

Durante la crisis financiera, un grupo de personas del condado de Contra Costa, California (una de las áreas de los Estados Unidos más afectadas por ejecuciones hipotecarias masivas) acorraló a Adam Kruggel, un talentoso organizador con el que estaban trabajando. Lo presionaron para que los ayudara a alquilar un autobús para conducir por todo el país, a Washington, DC, para crear conciencia sobre la necesidad de mantener a las familias en sus hogares. El resultado fue *Recovery Express*, que llevó a las familias que enfrentan ejecuciones hipotecarias de California a *Capitol Hill* (Capitolio de EE.UU.). Se detuvieron para realizar mítines en ocho ciudades, pasando dos semanas en el camino contando sus historias y aprendiendo juntos. Su mensaje llegó a millones de estadounidenses a través de la cobertura de los medios nacionales. Su compromiso, como la dedicación mostrada por aquellos que ayunaron durante semanas para apoyar la reforma migratoria en 2013 o los activistas de Ferguson que marcharon toda la noche por Michael Brown, muestra el tipo de cambio que los pequeños grupos de personas puede provocar si comparten un propósito consumidor. Debemos tratar de hacer coincidir esta intensidad en todos los equipos que estamos construyendo si esperamos seguir el ritmo de las fuerzas contra las que nos enfrentamos.

Roles Claros

Tener un propósito compartido y un sentido de urgencia no significa que todos tengamos que hacer el mismo trabajo. La tercera clave para los grupos exitosos es que diferencian roles, basados en talentos e intereses. Y son rigurosos para asegurarse de que las personas cumplan los roles *correctos*. Esta es, también, un área en la que podemos aprender de la campaña de Obama de 2008. La unidad central del programa de campo de la campaña fue el Equipo de Vecindario. Cada equipo (a veces conocido como *Snowflake o* copo de nieve) tenía un líder de equipo de vecindario—un voluntario que era responsable de coordinar las actividades del grupo. Los organizadores de campo remunerados normalmente eran responsables de entrenar a los líderes del equipo de voluntarios de tres a cinco Equipos de Vecindarios. Cada miembro del Equipo de Vecindario tenía un rol específico (por ejemplo, Capitán de banco de teléfono o Capitán de publicidad) con objetivos definidos (por ejemplo, hablar con equis número de votantes). La clave era que todos tenían un rol y objetivos claros, y había medidas directas para determinar si el rol era el adecuado para esa persona. Este compromiso con los roles y las metas llevó a los voluntarios a tomar sus responsabilidades en serio, y permitió que las personas dependieran una de la otra. En definitiva, permitió coordinar el trabajo de 2.2 millones de voluntarios, a través de diez mil equipos, liderados por treinta mil líderes[72].

Cuando me enseñaron a organizarme por primera vez, se me advirtió que debía tener cuidado de que algunas personas tomaran posiciones de autoridad porque hablaban bien o tenían personalidades dominantes, pero terminaban no haciendo el trabajo. Para evitar esta complicación, me dijeron que debía construir organizaciones basadas en el poder "relacional" en lugar de "posicional". Bajo este pensamiento, las personas que dirigen deben ser las que hayan demostrado la voluntad de hacer el trabajo. Esto a menudo significaba posponer la pregunta de quién ocuparía los roles, como el presidente o el capitán del equipo. En cambio, las personas asumirían tareas específicas. Además de ser crucial para el desarrollo de cada persona, esto dio a todos un sentido de quién estaba realmente dispuesto a trabajar. Pero los roles de las personas en el equipo no se diferenciaron: el papel de cada persona era presentarse a reuniones siempre que fuera posible.

Una desventaja de este enfoque era que el organizador (el empleado remunerado que inicialmente estableció relaciones con las personas y los reunió) a menudo permanecía en el centro del equipo en lugar de hacerse a un lado. En ausencia de líderes electos, y sin que las personas tengan sus roles claros, el organizador se convertía en el presidente de facto. El organizador puede desempeñar un trabajo importante para crear confianza en el equipo y mantener el trabajo en marcha. Pero esto sucedió a expensas de que los líderes sean dueños de su equipo e impulsen su trabajo. En el peor de los casos, las personas esperarían a que el organizador les asignara sus tareas o les dijera la fecha de la próxima reunión. Cuando los organizadores eran honestos, admitían que seguían asistiendo a las reuniones de sus equipos más fuertes porque allí era donde estaba la acción, no porque debían estar allí. Y cuando los organizadores pasaban tiempo con los equipos existentes, tenían menos tiempo para construir otros nuevos.

El enfoque del objetivo del rol del equipo es un correctivo importante que hace que los organizadores y los líderes voluntarios de base vuelvan a su misión original de desarrollar las habilidades de liderazgo de las personas. El trabajo de la persona que configura un equipo, ya sea un organizador pagado o un líder voluntario, no es presidir el equipo o incluso asistir a la mayoría de las reuniones. Es tener una relación de entrenador con el coordinador o el presidente del equipo. El papel de la persona que dirige el equipo es asegurarse de que todos los miembros tengan las funciones correctas y que tengan claro cuáles son los objetivos que intentan lograr y cómo encajan en el objetivo más amplio del equipo. Esto no siempre es fácil. Se debe averiguar las habilidades de las personas, pedir mucho de las personas y evaluar regularmente si las personas desempeñan el papel que han asumido.

Confiar en que los equipos hagan el trabajo requiere invertir en capacitación y desarrollo, más sistemáticos, para las personas que asumen los roles. Las organizaciones que se han cambiado a este enfoque han podido construir más equipos y organizar a más personas. Pero para hacer esto, tuvieron que cambiar la forma en que sus organizadores emplean su tiempo (más entrenamiento, desafíos y capacitación de los líderes del equipo, menos facilitación práctica de las reuniones). Han difuminado la línea entre los organizadores remunerados y los líderes voluntarios, por lo que es asunto de todos despertar a las personas y organizarlas en equipos. Y han creado programas de capacitación más estructurados y predecibles para que las personas no tengan que esperar a que un organizador pagado les cuente qué sucederá a continuación. *Faith in New York*, un grupo organizador de base en la ciudad de Nueva York, ha celebrado escuelas de liderazgo de diez semanas en cada distrito de la ciudad. Durante los dos meses y medio que las personas están "en la escuela", se espera que formen equipos en sus congregaciones. Algunos equipos pueden estrellarse y desmantelarse. Algunas personas pueden asumir roles que no encajan bien y luego no soltarlos. Otros equipos no tendrán suficiente confianza interna para que las personas se responsabilicen unas a otras. Pero no todos los equipos deben tener éxito si los hemos involucrado para construir un movimiento.

Una Cultura De Aprendizaje

Los equipos se unen a través de la acción. Pero para crecer y prosperar, también deben dedicar un tiempo para aprender juntos y reflexionar sobre lo que están haciendo. Los equipos deben ser lugares donde las personas sientan que su desarrollo importa tanto como cualquier otra tarea. Crear una cultura de aprendizaje es la cuarta clave para configurar equipos para el éxito. Lo que hizo que las sociedades del movimiento contra la esclavitud y las cooperativas populistas fueran poderosas fue que crearon las condiciones para que la gente desarrollara un análisis independiente de lo que estaba sucediendo en el mundo y lo que se necesitaría para lograr el cambio. Comprometerse exitosamente con el cambio social requiere eliminar los mitos que nos enseñan sobre cómo funcionan la sociedad y la política. Los grupos pequeños son un lugar ideal para este tipo de aprendizaje porque le dan a la gente la oportunidad de probar nuevas ideas y nuevos roles.

Puedes fomentar una cultura de aprendizaje en un equipo logrando que las personas reflexionen regularmente sobre experiencias poderosas, incluyendo lo que les sucedió en el pasado y lo que han hecho juntos como equipo. Las personas aprenden mejor de las experiencias que traen sucesivamente emociones fuertes. Recordamos lo que sentimos. A través de nuestros corazones, reconsideramos nuestros valores, conectamos los puntos entre las historias que parecen no estar relacionadas, vemos nuestras vidas bajo una nueva luz y volvemos a imaginar lo que es posible. Esto es especialmente cierto para los adultos, cuyas mentes ya están conectadas por todo lo que han pasado. Sin dejar de lado el tiempo para la reflexión intencional, las personas pueden involucrarse en una gran cantidad de actividad sin aprender mucho o mantener ocultas experiencias poderosas. Al igual que con la creación de confianza, la promoción de una orientación para el aprendizaje y el desarrollo personal en los equipos puede realizarse mediante prácticas regulares de reflexión; por ejemplo, pidiéndole a cada persona que comparta cómo se sintió después de las actividades significativas realizadas por el grupo. Estas prácticas establecen una expectativa de que la participación llevará a las personas a una mayor sabiduría.

Si tu equipo está anclado en una institución, como una escuela o congregación religiosa, dedicada al desarrollo espiritual y emocional de las personas, es posible que tengas una ventaja en la creación de una cultura de aprendizaje. La gente puede llegar preparada para esperar que su crecimiento personal sea valorado. Si no cuentas con una cultura organizacional, existe un riesgo mayor de que un grupo pequeño caiga en una cadena de tareas y actividades no procesadas. Puedes corregir esto siendo más riguroso al establecer normas grupales por adelantado e incorporar la reflexión en la vida del equipo. Tienes que tomarte el tiempo para crear intencionalmente la cultura del equipo; por ejemplo, comenzar cada reunión con una lectura y cómo se relaciona con la vida de las personas o pedirles a las personas que compartan las normas que quieren que el grupo respete. Cuanto menos se conozcan las personas, cuanto más desvinculado esté un grupo de una estructura más amplia, o cuanto mayor sea la crisis, más actividad estructurada deberás incorporar a la agenda. Las prácticas que le piden a las personas que formen un círculo y respondan a una pregunta pueden parecer incómodas al principio, pero señalan que la voz de todos es importante y que el trabajo se trata tanto de hacer cambios en el mundo como de desarrollar las habilidades y el pensamiento de los participantes.

Un marco popular que los equipos pueden usar para estructurar la reflexión proviene de la enseñanza social católica en América Latina. Tiene cuatro pasos: *ver, juzgar, actuar,* y *reflexionar,* que pueden servir como agenda para una reunión única o los elementos de un ciclo de trabajo que se desarrolla a lo largo de meses.

Ver se refiere a personas que hablan sobre el dolor y la presión que experimentan en sus vidas. El objetivo es desarrollar una comprensión compartida de la realidad social que el grupo trata de cambiar. Este es el principio de comenzar con la experiencia vivida y la emoción de las personas, en lugar de abordar directamente los problemas y las tareas. Este paso puede ser tan simple como preguntar a las personas qué presiones enfrentan, o problemas en sus vidas que tratan de resolver. Estas son también buenas preguntas que un equipo puede usar cuando está construyendo una base más grande en la comunidad, lo cual se analiza en el próximo capítulo.

El próximo paso, *juzgar,* no es juzgar a las personas, sino comparar la realidad actual con nuestros valores. Este paso puede incluir leer un texto o mirar un video y luego hablar sobre la brecha entre el mundo tal como es y cómo debería ser y sobre quién se beneficia de la brecha. Su objetivo es desarrollar el análisis social y político del grupo para que las personas comprendan claramente las fuerzas a las que se enfrentan y la importancia de su trabajo.

Actuar significa actuar para provocar cambios concretos en la vida de las personas. Los equipos no son solo grupos de estudio. La energía y el crecimiento de un grupo provienen de actuar juntos (como reunirse con un alcalde o presidente del banco para hablar sobre desalojos, realizar una vigilia en un centro de detención de inmigrantes o llevar a los trabajadores de comida rápida a sus trabajos después de una huelga). La acción que realiza un grupo puede implicar llegar a otras personas (capítulo 6) y comprometerse directamente con los poderes (capítulo 7). Este trabajo externo es el oxígeno que mantiene saludables a los grupos. Es especialmente poderoso cuando el equipo diseña y dirige la acción directamente, en lugar de solo participar en eventos organizados por otros. Actuar juntos no solo genera confianza, sino que también brinda a las personas experiencias compartidas para reflexionar.

Reflexionar es el punto en el que las personas reflexionan sobre lo que se aprendió al actuar juntos. La reflexión y la evaluación van de la mano y son esenciales, pero son actividades ligeramente diferentes que no deben confundirse. Los buenos informes comienzan con la reflexión, que trata sobre cómo se siente la gente. Esta es la emoción que la gente necesita para decir y escuchar de los demás. No se puede discutir con eso. Siento lo que siento. Luego viene la evaluación, que consiste en comparar lo que el grupo se propuso hacer con lo que se logró; qué funcionó, dónde la gente se quedó corta, y qué lecciones se aprendieron. Una señal de buena organización es que las personas saben instintivamente cómo ponerse de pie después de lo que hicieron juntos, en lugar de babear, que es la tendencia habitual, y que antes de precipitarse a hablar de los errores cometidos, todos tienen la oportunidad de decir cómo se sintieron sobre la experiencia.

El proceso de ver, juzgar, actuar, y reflexionar es uno de los muchos que los equipos pueden usar para convertir a sus miembros en líderes. Independientemente de los procesos y actividades que elijas, el punto de partida para crear una cultura de aprendizaje es transmitir a las personas que son fines, no medios, que sus experiencias, emociones, aprendizaje y crecimiento son importantes para el éxito del grupo. Y luego, dispón el tiempo suficiente para detenerte y pensar, para analizar todas las formas diferentes en que las personas tienen sentido del mundo, para aprender juntas. La recompensa para un equipo organizador se produce cuando convierte sus experiencias colectivas en luchas por la justicia, en historias nuevas y poderosas que pueden relatarse una y otra vez y que brindan confianza y claridad a las personas para enfrentar luchas más grandes.

En definitiva, para que los equipos pequeños y auto dirigidos prosperen y sirvan como células de combustible para los movimientos sociales, deben estar conectados entre sí y respaldados por sistemas y estructuras más grandes. Las personas en los equipos requieren adiestramiento y entrenamiento para llevar a cabo sus roles con éxito. Necesitan formas de comunicarse entre sí y coordinar su trabajo para alcanzar objetivos más grandes. Sin el apoyo y la coordinación, los equipos pueden irse a la deriva, marchitarse, o simplemente convertirse en herramientas para hacer que la gente haga cosas. Si nos tomamos en serio el actuar a través de varios equipos distribuidos, debemos hacer que su salud y bienestar sean el enfoque principal de nuestras organizaciones. La *American Antislavery Society* (Sociedad Norteamericana Antiesclavitud) y los populistas crecieron tanto porque tenían agentes, conferenciantes y organizadores que viajaron por todo el país tejiendo grupos cara a cara en un movimiento más grande. Una dinámica similar energizó las Comunidades de base brasileñas discutidas en la siguiente sección.

Unir A Los Equipos En Un Movimiento

A veces, podemos sentir que tenemos que elegir entre grupos pequeños que se enfocan hacia adentro en las necesidades de sus miembros y grupos que están enfocados externamente en cambiar el mundo. Pero este no es el caso. Los equipos pueden combinar el propósito ardiente de una sociedad contra la esclavitud con el compromiso de apoyo mutuo y crecimiento que es un sello distintivo de los ministerios de grupos pequeños en iglesias como Saddleback. Y al integrar la transformación personal y social, los grupos pequeños pueden ser más atractivos para las personas y más fáciles de difundir.

Un ejemplo de la contagiosidad de grupos que alimentan almas mientras actúan políticamente proviene de Brasil. A principios de la década de 1960, los sacerdotes y monjas católicos en Brasil comenzaron a experimentar con pequeños grupos informales que reunían a personas laicas, principalmente en áreas rurales y urbanas pobres, para leer la Biblia y reflexionar sobre su relevancia para sus vidas. Los grupos generalmente tenían de quince a veinticinco personas. Muchos utilizaron el proceso de ver, juzgar, actuar, y reflexionar que se discutió en la sección anterior. Se reunían semanalmente para las reuniones que incluían la oración, la discusión de las dimensiones políticas y sociales de la fe cristiana, y el intercambio de problemas concretos que enfrentan los miembros. A menudo, estas discusiones llevarían al grupo a actuar juntos para resolver un problema de la comunidad o unirse a esfuerzos organizativos más grandes en su área. Los miembros del grupo vieron esta participación en la comunidad como "tan religiosa como la oración"[73].

Con el tiempo, estos grupos pasaron a conocerse como comunidades eclesiales básicas o comunidades de base. En los países de América Latina se formaron comunidades base durante las décadas de 1960 y 1970, pero la Iglesia católica brasileña fue única en la medida en que el liderazgo de la iglesia adoptó este nuevo modelo de acción religiosa como estrategia principal para el crecimiento de su institución. Si bien cada Comunidad de base era autónoma y estaba dirigida por sus miembros, los "agentes pastorales" (principalmente sacerdotes y monjas) la visitaban regularmente. Las diócesis católicas desarrollaron materiales y unieron a los miembros de las Comunidades de Base a reuniones regionales más grandes, y finalmente nacionales. Los teólogos más destacados de Brasil escribieron extensamente sobre las Comunidades de Base[74]. Vieron las formas en que los grupos vinculaban la oración popular y la acción social, como la voluntad de Dios en el trabajo en el mundo.

Los sacerdotes y las monjas que experimentaron por primera vez con las Comunidades de Base fueron profundamente influenciados por la teología de la liberación. Consideraban que los pobres y su lucha por la justicia estaban en el centro de la historia y el cristianismo. Al igual que el Papa Francisco, hicieron de los encuentros personales con personas pobres la piedra angular de sus ministerios. Una gran cantidad de hombres y mujeres, tanto clérigos como laicos, se trasladaron a las áreas rurales y urbanas para trabajar con las personas más excluidas de la economía y la sociedad brasileña. Crearon estructuras organizativas, pequeños grupos basados en la fe, comprometidos con el mundo, liderados por laicos. Estos grupos se extendieron porque se encontraron con el hambre espiritual y las necesidades materiales de las personas y les dieron herramientas para ser agentes en la transformación de sus comunidades y, en última instancia, de la sociedad brasileña. En la década de 1980, se estimaba que había cien mil comunidades de base solo en Brasil, con aproximadamente dos millones de miembros[75].

Si bien los líderes de la Iglesia Católica brasileña no *crearon* la estrategia de la Comunidad de Base, *adoptaron* la estructura y la ética. Este apoyo institucional ayudó a los grupos a crecer en las áreas más pobres del país. La relación fue simbiótica. El apoyo de los obispos impulsó el crecimiento de las Comunidades de Base, convirtiéndolas en una de las fuerzas sociales más dinámicas de la sociedad brasileña. Al mismo tiempo, las Comunidades de Base revitalizaron el catolicismo en Brasil. Trajeron personas a la iglesia. También dieron a los líderes de la iglesia un enfoque más claro sobre las causas estructurales de la pobreza y la desigualdad, en un momento en que muchas iglesias católicas de América Latina y el mundo se estaban moviendo en una dirección más conservadora.

El rápido crecimiento de las Comunidades de Base en Brasil coincidió con una brutal dictadura militar, que gobernó el país durante dos décadas, desde 1964 hasta 1985. Con entrenamiento y apoyo de los Estados Unidos y Gran Bretaña, el ejército brasileño eliminó a las organizaciones sociales campesinas y urbanas, así como a los grupos políticos izquierdistas. El régimen mató y desapareció a cientos de personas y torturó a más de treinta mil. Sus políticas económicas detuvieron la reforma agraria y socavaron la organización laboral. La dictadura hizo la vida inmensamente más difícil para los pobres rurales y urbanos.

Las comunidades de base eran uno de los pocos espacios en la sociedad brasileña donde las personas podían resistir a los generales y los intereses económicos que los respaldaban. Algunos historiadores dicen que al reprimir la acción social, la dictadura militar aumentó involuntariamente el foco de las Comunidades de Base en la educación política de sus miembros. Al mismo tiempo, la Iglesia Católica fue una de las únicas instituciones con suficiente poder independiente para hacer frente a los generales. En última instancia, esto hizo posible que tanto las Comunidades de Base como los obispos desempeñaran un papel fundamental en el proceso gradual de poner fin al gobierno militar en los años ochenta.

Una vez que Brasil comenzó su larga transición al gobierno electo, las Comunidades de Base proporcionaron la base para los movimientos políticos más importantes de

Brasil. Esto incluyó al *Partido de los Trabajadores* y al *Movimiento de Trabajadores Sin Tierra*, así como a una serie de otras organizaciones de base. Muchos líderes de movimientos sociales comenzaron a organizar sus vidas como miembros de las Comunidades de Base. En muchas áreas, las Comunidades de Base constituían una gran parte de la membresía de organizaciones de justicia social nominalmente seculares. Y la ética democrática y las prácticas participativas de las Comunidades de Base moldearon la cultura de los movimientos sociales brasileños, convirtiéndolos en unos de los más dinámicos y democráticos del mundo.

En 2003, el *Partido de los Trabajadores* pasó de ser un movimiento social de amplia base a ser elegido para dirigir a Brasil. Durante los siguientes trece años, el partido decepcionó a muchos en su base al adoptar políticas económicas que se consideraban demasiado pro empresarios. Se duplicó en la extracción de petróleo y gas. Y luego quedó atrapado en una serie de escándalos de corrupción. Al mismo tiempo, el partido encabezó uno de los esfuerzos más exitosos del mundo para reducir la pobreza y la desigualdad económica. El *Partido de los Trabajadores* implementó un programa de transferencia monetaria condicionada, llamado *Bolsa Familia*, que proporcionaba dinero a las familias que cumplían con ciertas condiciones, como la asistencia escolar de los niños. Como resultado de esta y otras iniciativas gubernamentales, la tasa de pobreza en Brasil se redujo del 22 por ciento en 2003, cuando el Partido *de los Trabajadores* fue elegido para liderar el país, al 7 por ciento en 2011. Esto movió a treinta y cinco millones brasileños a la clase trabajadora y convirtió al país en un modelo global para los esfuerzos para eliminar la pobreza. Tina Rosenberg describió a la *Bolsa Familia* como "probablemente el programa gubernamental más importante contra la pobreza que haya visto el mundo"[76].

La relación entre la Iglesia Católica, las Comunidades de Base, los movimientos sociales y el *Partido de los Trabajadores* es una historia larga y compleja que merece su propio libro. Sin embargo, para nuestros propósitos, la historia de Comunidades de Base Brasileñas brinda una ventana a cómo los equipos que nutren el desarrollo espiritual y social pueden convertirse en movimientos masivos capaces de transformar las vidas de millones de personas, instituciones religiosas y la sociedad. Muestran que es posible tomar los elementos nutritivos de los ministerios de grupos pequeños y fusionarlos con la pasión de cambiar las estructuras que perpetúan el racismo y la pobreza. Ese espíritu hace posible que las personas que han sido excluidas de la toma de decisiones formen grupos de electores lo suficientemente grandes como para negociar sus intereses, el enfoque del próximo capítulo sobre la construcción de bases.

CAPÍTULO 6: LA BASE – PARA RECLUTAR SEGUIDORES TENDRÁS QUE DIRIGIR

El objetivo de los equipos de justicia social en movimientos más grandes para el cambio es construir una gran base de personas poderosas y unificadas lo suficiente como para negociar su propia libertad y bienestar. Ten cuidado con el equipo que se convierte en una camarilla o en un club social que toma a quien aparece y espera que las cosas funcionen. No ganamos porque tenemos razón. Como he dicho a lo largo de este libro, nos enfrentamos a personas poderosas que suelen ser muy claras acerca de sus intereses. Dejarán solo la oportunidad, los recursos y la influencia que necesiten. Y trabajarán todos los días para aumentar sus ganancias y poder. Solo obtendremos tanta justicia como podamos negociar. Eso requiere entrar en negociación con apalancamiento, que es lo que la construcción de una base hace posible.

Si queremos que una empresa cambie sus prácticas ambientales, necesitamos una base de consumidores lo suficientemente grande como para participar en un boicot. Si queremos que nuestro empleador aumente los salarios y los beneficios, necesitamos un grupo lo suficientemente grande de trabajadores dispuestos a retirarse de su trabajo para acudir a una huelga. Si queremos que un funcionario electo haga lo correcto, necesitamos votantes dispuestos a expulsar al funcionario de su cargo si se niega. Nuestro apalancamiento proviene de tener suficientes de nosotros dispuestos a utilizar nuestros cuerpos, votos y dólares para interrumpir consistentemente la injusticia y la discriminación. La fuerza de nuestra base es lo que trae los poderes a la mesa. Todo lo demás es una ilusión.

Al igual que las primeras tres conversaciones sobre propósito, historia y equipo, la creación de bases es una forma de pensar acerca del cambio que cambia la manera en que actuamos y construimos organizaciones. La gente preguntará: "¿Por qué tenemos que hablar con tanta gente cuando ya conocemos los problemas?" Escuché mucho cuando estaba organizando en Flint, Michigan, que no tenía escasez de problemas. Salir y conocer a cientos de personas en sus propios términos para escuchar sus historias y preocupaciones puede parecer un trabajo lento, especialmente cuando ya tienes una idea bastante clara por lo que la gente está enojada. Pero escuchar nos ayuda a encontrar e inscribir líderes orgánicos, personas que pueden no ser grandes conversadores pero a quienes buscan orientación. Mucha gente nos dirá que no cuando los invitemos a asistir a una reunión. Otros dirán tal vez, pero no lo dicen en serio. Algunos dirán que sí, pero incluso algunos de estos te dejaran plantado. Los verdaderos sí son las personas que creen en los milagros antes de que sucedan, están dispuestos a trabajar (¡no solo a hablar!), y son respetados lo suficiente como para mover a otras personas.

Una vez que las personas se unen, moldear individuos con diferentes identidades, ideas y vacilaciones en un distrito electoral ocurre de manera intermitente. Es un proceso lleno de dudas. ¿Cuándo despegarán las cosas? ¿Por qué tan a menudo se dan dos pasos adelante y un paso atrás? Sin embargo, ponemos todo lo que luchamos en riesgo si nos saltamos este trabajo cuidadoso de organizar a la gente en una base preparada para actuar juntos contra la oposición, especialmente si estamos construyendo organizaciones y movimientos multirraciales, sin los cuales enfrentamos un futuro sombrío. Ver a un grupo de personas ponerse de pie y caminar juntos hacia la libertad es glorioso, incluso si no ocurre a tiempo.

Este capítulo tiene cuatro partes. La primera sección explica qué es una base y por qué esta crea el apalancamiento necesario para negociar el cambio. El segundo describe tres creencias que hacen posible la construcción de bases. El tercero comparte prácticas que puedes usar para construir una base. El cuarto se centra en cómo trabajar con un grupo de personas para aclarar su visión y sus objetivos, de modo que puedan actuar juntos con un propósito.

Crear Bases Como Un Camino Hacia La Libertad

Un ejemplo clásico de construcción de base es la historia bíblica de Éxodo. Cuando Dios le pide a Moisés que lleve al pueblo de Israel fuera de Egipto a la libertad, Moisés niega la petición de Dios cuatro veces. ¡Más que si Faraón escuchará (o lo matará!), Moisés teme que su propia gente lo rechace. Él le dice a Dios: "¿Quién soy yo para ir a Faraón y sacar a los hijos de Israel de Egipto?" (Éxodo 3:11). A Moisés le preocupa que la gente no crea que él fue enviado por Dios, que no lo escucharán porque no es elocuente al hablar. Dios responde cada objeción que Moisés plantea, explicando cómo organizar a los ancianos para ganarse su apoyo; mostrándole a Moisés cómo podía usar lo que ya tenía en la mano para persuadir al Faraón; y diciéndole a Moisés: "Seré tu boca y te enseñaré lo que debes hablar" [Éxodo 4:12]. Sin embargo, Moisés le ruega a Dios que envíe a otra persona.

Incluso después de que Moisés cede, sigue volviendo a Dios para quejarse de su base. La primera crisis ocurre cuando Moisés y Aarón le piden a Faraón que deje que los israelitas tengan tres días libres para orar en el desierto. El rey de Egipto no solo rechaza su solicitud; les dice a los esclavos que, dado que están causando problemas, ahora tendrán que trabajar más duro. Los egipcios ya no les darán paja para hacer los ladrillos. Moisés claramente está en términos inestables con su electorado. Los israelitas lo ignoran y van directamente a Faraón para quejarse. Faraón se burla de ellos: "Están de vagos, están de vagos; por eso dicen: 'Vayamos y sacrifiquemos al Señor'. Vayan ahora y trabajen. No se les dará paja, pero igual deberán entregar la misma cantidad de ladrillos" [Éxodo 5: 17-18]. Los líderes israelitas culpan a Moisés por su difícil situación, diciéndole: "Nos hiciste apestar ante Faraón y sus siervos, y has puesto una espada en sus manos para matarnos" [Éxodo 5: 2]. Moisés mantiene el ciclo de la culpa, regañando a Dios, "Señor, ¿por qué le hiciste mal a este pueblo? ¿Por qué me enviaste?" [Éxodo 5:22]

En su libro *"Tengo la luz de la libertad: la tradición organizadora y la lucha por la libertad de Mississippi"*, Charles Payne cuenta una historia similar sobre la lucha por los derechos de voto en los condados más violentos y segregados del Sur profundo o *Deep South*. Él describe un momento en Greenville, Mississippi, cuando la estructura de poder local cometió un "error de cálculo" estratégico que impulsó el movimiento para organizar a la ciudad. Los jóvenes organizadores del *Comité Coordinador No Violento Estudiantil* (SNCC, por sus siglas en inglés) realizaron meses de construcción lenta de bases a través de conversaciones individuales, reuniones en el hogar y escrutinio puerta a puerta. Su trabajo fue recibido con golpes y disparos. La mayoría de los negros en Greenville observaban desde la barrera. Pero algunos comenzaron a proporcionar silenciosamente apoyo financiero y material. Un número cada vez mayor bajaba al juzgado para tratar de registrarse para votar. La junta de supervisores del condado comenzó a ver un movimiento en marcha. Entonces tomaron represalias "detuvieron la mayor distribución de productos excedentes del gobierno federal [que para] 27,000 personas en el condado, la mayoría de ellas negras...

era la principal fuente de sustento durante los meses de invierno"[77].

Este castigo colectivo era similar al de Faraón que obligaba a los esclavos a fabricar ladrillos sin paja o la violencia ejercida contra *Black Memphis* en respuesta a la huelga de saneamiento. Hizo que algunas personas desearan que las aguas no se hubieran turbado. Pero, en general, ayudó a fusionar a la comunidad. Como dice Charles Payne, "Puso a algunas personas en una posición en la que ya no tenían nada que perder al intentar registrarse. Dejó claro un punto [que los derechos civiles] los trabajadores siempre quieren transmitir, que había una conexión entre la exclusión del proceso político y la pobreza"[78]. Muchas personas de Greenville y sus aliados en todo el país se unieron para crear un programa comunitario de distribución de alimentos a través de las iglesias. Esto trajo a primer plano a las personas que no habían asistido a las escuelas de ciudadanía o que intentaron registrarse, que tal vez no se consideraran a sí mismas como políticas. Y comenzó a tocar a miles de personas directamente en su vida cotidiana. Bob Moses, el arquitecto del impulso de Mississippi, lo describió de la siguiente manera: "la gente hacía fila en frente de la iglesia para recibir comida mientras que el dueño de la plantación pasaba... diciéndoles que volvieran a las plantaciones... y ellos [los trabajadores de las plantaciones] les decían que iban a pararse ahí y conseguir su comida porque sus hijos tenían hambre"[79].

El primer esfuerzo de SNCC para organizar a Misisipi en la pequeña ciudad de McComb había fracasado cuando la comunidad negra llegó a un punto en el que no podían soportar más la reacción violenta de la estructura del poder blanco. Los líderes comunitarios pidieron a los organizadores que se fueran. Pero en Greenville, como en la historia de Éxodo, los organizadores y la comunidad lograron cruzar el puente. La opresión que enfrentaron los fortaleció, en lugar de aplastarlos. En última instancia, lograron hacer de Greenville una "ciudad organizada". Eso significaba que los líderes locales habían construido una base organizada suficiente para seguir luchando y ganar batallas organizativas mucho después de que el SNCC se fuera y el fervor nacional en torno al *Movimiento por los Derechos Civiles* se desvaneciera. Esto es similar a lo que Jane McAlevey describe en su libro *Sin atajos: organizándose para el poder en la nueva era dorada* como el músculo que los trabajadores sindicalizados desarrollan a través de huelgas repetidas que muestran a los empleadores que no tienen más remedio que negociar con sus empleados[80].

Una paradoja de Éxodo es que si Dios hubiera decidido liberar al pueblo hebreo de la esclavitud, ¿por qué no liberarlos directamente? ¿Por qué elegir trabajar a través de Moisés y una confrontación prolongada con Faraón? ¿Cuáles son las lecciones de la historia, no solo sobre la ética de la esclavitud sino sobre cómo se produce el cambio y el papel que juega la fe? Primero, la fe no siempre se (re)construye de la noche a la mañana, proviene de la experiencia vivida, de ver directamente la justicia en el mundo. En segundo lugar, la gente debe alistarse para su propia liberación. Deben construir una fortaleza para tomar los riesgos necesarios para liberarse de la opresión. Y tercero, la liberación es una experiencia colectiva que ocurre en el contexto de la confrontación. La libertad no puede ser otorgada; debe ser tomada en conjunto.

Y justo cuando la base se pone a prueba, lo mismo ocurrirá con los líderes. La duda de sí mismo que siente Moisés no es diferente de lo que cualquiera enfrenta al construir una base para el cambio bajo condiciones inciertas. A veces, Dios le dice a Moisés que deje de pensar demasiado y solo lidere. Otras veces, le dice que comparta el poder con otros. Dios le pide a Moisés que reúna a setenta ancianos y le afirma: "Tomaré del Espíritu que está sobre ti y lo pondré sobre ellos, y ellos llevarán la carga del pueblo contigo, para que no tengas que soportarla solo" [Números 11:17]. Este es un buen consejo para organizar, pero la relación extendida y llena de conflictos entre Moisés y Dios deja en claro que Moisés está luchando con algo más profundo que la mecánica de la organización. Él no puede construir una circunscripción que pueda conducir a la libertad hasta que descubra si cree en sí mismo y en los demás.

Tres Creencias Que Hacen Posible La Construcción De Bases

Antes de que podamos llegar a los pasos prácticos de construir una base, debemos traer al frente un entendimiento sobre las personas y el poder. El primer sentimiento que tenemos que tener, o actuar como lo hemos hecho, a pesar de nuestras dudas, es que hay suficiente gente dispuesta, esperando a ser invitadas a un movimiento por la libertad y la justicia. Charles Payne dice de Fannie Lou Hamer, quien se convirtió en una de las figuras más importantes del movimiento por los derechos civiles, que "[c]omo tantos otros, no fue tanto que el movimiento la encontrara como que ella lo había estado buscando"[81]. Hamer había sido aparcera durante años y estaba trabajando como cronometradora en una plantación en el condado de Sunflower, Mississippi, cuando escuchó de su pastor y un amigo sobre una reunión de derechos de votación. Ella ya había estado involucrada en NAACP y otras actividades políticas. Después de asistir a la reunión masiva organizada por SNCC, intentó registrarse para votar. Su jefe le dijo que tenía que retirar su solicitud o perdería su trabajo en la plantación. Ella decidió que defender su derecho al voto valía más que perder su trabajo. Ella dejó la plantación y se escondió por un tiempo. Pasó a dar clases de ciudadanía y se convirtió en una secretaria de campo con SNCC. Más tarde, como vicepresidenta del Partido Democrático de la Libertad de Mississippi, habló en la Convención Nacional Demócrata de 1964, liderando el esfuerzo para desgajar la segregación racial formal en la política estadounidense.

Toda la evidencia muestra que si entablas suficientes conversaciones con suficientes personas, tocas suficientes puertas, haces suficientes llamadas telefónicas, le pides a suficientes personas referencias, y abres suficientes puertas para que las personas atraviesen, encontrarás suficiente gente dispuesta a involucrarse y hablar. Construirás una base de personas que pasarán a construir sus propias bases. La pregunta, como con la que luchó Moisés, es si tienes el valor de enfrentar el rechazo, el mal humor y, a veces, la violencia que viene en el camino.

La segunda creencia que debemos entender es que las personas son brillantes. Tienen las habilidades y el talento para construir organizaciones y liderar el cambio. Las personas son los recursos valiosos con los que se construyen los movimientos sociales. Charles Payne argumenta que gran parte del impacto social y político duradero del Movimiento por los Derechos Civiles provino de Ella Baker y Septima Clark, quienes enseñaron la importancia del desarrollo del liderazgo y la organización del "trabajo del espadín" sobre los eventos llamativos. Baker fue mentora y asesoró en un momento u otro a todos los íconos de los derechos civiles más conocidos, incluidos Martin Luther King, Jr. y Robert Moses. Clark fundó y extendió escuelas de ciudadanía que enseñaban habilidades políticas y de organización a miles de trabajadores afroamericanos. Payne escribe sobre las dos mujeres: "Parte del legado de personas como Ella Baker y Septima Clark es la fe de que las personas comunes que aprenden a creer en sí mismas son capaces de actos extraordinarios o, mejor aún, de actos que nos parecen extraordinarios precisamente porque tenemos un sentido tan empobrecido de las capacidades de la gente común"[82].

Cuando estaba organizando con padres en escuelas públicas en Filadelfia, una mujer llamada Dolores Shaw comenzó a aparecer en las reuniones de padres en una escuela primaria que tenía una población estudiantil que era aproximadamente 40 por ciento afroamericana y 60 por ciento latina. Al principio, la mayoría de los otros padres vieron a Dolores como perturbadora. Ella decía que los niños latinos deben dejar de hablar español y aprender inglés. Otros padres presionaron a Dolores. Pero ella siguió viniendo a las reuniones. Con el tiempo, construyó relaciones con padres latinos. La gente llegó a confiar en su ferocidad y confianza en sí misma, los rasgos que inicialmente volvieron locos a todos. En un momento dado, el grupo exigió que la escuela contratara más maestros que hablaran español. Dolores sorprendió a todos al hablar en apoyo de la propuesta en una reunión pública, más que cualquier otra persona en la sala. En ese punto, las relaciones habían cambiado su comprensión del mundo y su lugar en él.

Dolores terminó desempeñando un papel importante en una serie de campañas de alto perfil en Filadelfia, incluida la copresidencia del equipo de negociación que llegó a un acuerdo con *First Union Bank* para mantener abiertas once sucursales bancarias del interior de la ciudad y ganar cientos de millones de dólares en préstamos disponibles en su y en otros vecindarios, como parte de la mayor fusión bancaria en la historia de Filadelfia. Recuerdo estar en su cocina mientras servía la cena para su familia y al mismo tiempo hablaba por teléfono con un reportero del *Philadelphia Inquirer*. Cuando terminó la llamada, ella me miró y dijo: "¿Quién hubiera imaginado que un reportero de noticias me llamaría por mi opinión sobre cualquier cosa?" La verdad es que la llamada tiene perfecto sentido.

Si eliminas los prejuicios que confunden el lugar donde vive la gente, su educación formal y su raza con la virtud cívica y el derecho a ser escuchado, que es lo que hace la organización, obtienes a Dolores Shaw y Fannie Lou Hammer. Y eso hace posible un movimiento, pero solo si creemos unos en otros.

La tercera creencia que hace la diferencia es que nuestro poder en el mundo para crear una buena vida para nosotros y para aquellos a quienes amamos fluye de las relaciones que tenemos con otras personas. Lo que nos da poder es tener un electorado. Sin una base, no tenemos más remedio que confiar en las buenas intenciones y en que los sistemas sean justos, ninguno de los cuales podemos contar en tiempos de crisis. Algunas personas parecen ser líderes pero no son responsables ante las personas en cuyo nombre dicen que hablan. Esos son líderes fantasmas cuyo poder gira en torno a la volubilidad de los medios y otras élites. El boleto al verdadero liderazgo y poder en un mundo en llamas es un seguimiento, que es a lo que se reduce una base. He aquí cómo construir una base.

Cómo Construir Una Base Lo Suficientemente Poderosa Para Negociar El Cambio

Una vez que adoptemos la construcción de base como lo necesario para el cambio social, algunas prácticas útiles pueden ayudarnos a organizar una gran circunscripción. Estas prácticas se reducen a un análisis cuidadoso de nuestras propias redes y recursos combinados con la voluntad de salir y escuchar pacientemente y construir relaciones con muchas personas.

Mapeo De Relaciones De Poder

El primer trabajo es encontrar personas que puedan ayudarnos a mapear las relaciones de poder. Debemos desempeñar un trabajo cuidadosamente para comprender el poder de las personas que dirigen el lugar. Pero, también, debemos trazar el mapa del poder de nuestra circunscripción para que podamos maximizar su influencia. Una de las partes más interesantes de la historia que Charles Payne cuenta en *I've Got the Light of Freedom* es la relación entre Robert Moses y Amzie Moore. Moses fue el líder visionario de SNCC. Llegó al sur de Harlem con una maestría en filosofía de Harvard. Moore fue presidente de Cleveland, Mississippi, NAACP y un líder cívico por mucho tiempo en el estado. Moore creció en una plantación y la había perdido a una edad temprana. En la década de 1930, Moore participó en el partido *Black and Tan Party*, una organización de republicanos negros. Al igual que muchos otros hombres afroamericanos de la época, había regresado de la Segunda Guerra Mundial motivado tanto para construir una vida más próspera para su familia como para combatir la segregación. Moore conocía a todos. "Moore le dio a Moses una historia oral del estado y un mapa político, analizando y presentándole a todo el elenco de personajes en todo el estado, explicándole quiénes eran los jugadores, cómo trabajar con ellos, qué esperar de este uno, cuál era la orientación de este otro"[83]. Juntos, esbozaron lo que se convertiría en el "movimiento de Mississippi de los años sesenta". Moses, Ella Baker y otro personal de SNCC enseñaron esta misma curiosidad política a los organizadores antes de que comenzaran a trabajar en cualquier pueblo o condado. SNCC fue único en la contratación de personal de diferentes orígenes, pero la mayoría de quienes trabajaron como organizadores crecieron en familias de clase trabajadora en el *Sur profundo* de los EE. UU. Parte de la fortaleza de SNCC era su capacidad para descubrir a jóvenes que podían organizar sus propios pueblos, remunerados o no, y forjar relaciones de confianza sólidas con ancianos como Amzie Moore.

Con el tiempo y las conversaciones correctas, se pueden hacer visibles las redes sociales y las dinámicas de poder que dan forma a la vida en una comunidad. A menudo, las relaciones más poderosas están ocultas, al igual que las personas mejor conectadas son generalmente las más difíciles de alcanzar. Pero nada es imposible con el tiempo y la curiosidad. Para reorganizar una comunidad, debemos entender su base económica: quién posee el capital y la tierra, quién emplea el trabajo y cómo eso cambia. Debemos "seguir el dinero" para comprender los intereses económicos que respaldan a los políticos.

Cuando ponemos a una comunidad bajo rayos X, buscamos personas con autoridad tanto formal como informal. Haz una lista de quince a veinte de las personas más poderosas de tu entorno (tu comunidad, ciudad o estado). Sé riguroso. Identifica personas que tienen influencia sobre otros, debido a sus posiciones formales como empleadores o funcionarios del gobierno, a través de su control de dinero o instituciones, o porque la gente los respeta y confía en ellos. Debemos acercarnos a las personas que dirigen las cosas: nuestros alcaldes, concejales y dueños de negocios. No tenemos que estar de acuerdo con la gente en general, o incluso mucho, para crear relaciones con ellos. Damos a las personas en puestos de autoridad demasiado poder sobre nosotros cuando no los mantenemos lo suficientemente cerca como para conocer sus pormenores. Tu lista también debe incluir personas que dirijan las instituciones cívicas y religiosas (visitar estas personas a menudo nos brinda información útil y también nos comunica que lo que construimos debe ser abierto y colaborativo con las organizaciones e instituciones existentes). Pero no te detengas allí. Identifica más líderes informales, los que no cuentan con puestos, pero a quienes la gente busca cuando tienen problemas o preguntas. Cada pueblo y ciudad tiene jóvenes como aquellos que tomaron las calles de Ferguson y despertaron a la nación. También tienen que ser parte de tu mapa de poder.

Comienza Con Las Personas Más Cercanas Al Dolor

Al mapear las relaciones de poder y comenzar a construir una base, la escucha más urgente que tenemos que hacer es con las personas que están más cerca del dolor de la injusticia, que han sido más presionadas. Esto incluye a las personas que anteriormente estuvieron encarceladas, trabajadores indocumentados, de bajos salarios, padres de escuelas públicas, pasajeros de autobuses y arrendatarios de viviendas públicas. Estos han experimentado el trauma de los sistemas fuera de control. Ellos saben cómo funcionan las cosas. En *Faith in Action*, nos enfocamos en la combustión que es posible cuando unes a las personas que tienen más en juego con instituciones religiosas y personas de fe, quienes pueden enmarcar los problemas en términos morales (a menudo son las mismas personas).

Por ejemplo, *IndyCAN*, una organización religiosa afiliada a *Faith in Action* en Indiana, se asoció con la cámara de comercio local para ganar más de $1 mil millones en financiamiento para un sistema de transporte público equitativo para su región. Como parte de esta campaña, los líderes locales de *IndyCAN* fueron a las paradas de autobús para escuchar las inquietudes de los usuarios de autobuses. Estos invitaban a las personas con las que hablaron a participar en la organización de reuniones, días de presión, y actos públicos en apoyo del transporte masivo. La combinación de conductores de autobuses, líderes empresariales y la comunidad de fe presionó exitosamente a la legislatura de Indiana controlada por los republicanos y al gobernador Mike Pence para aprobar la legislación que permitiría que una medida electoral regional elevara los impuestos para financiar un sistema de transporte público. Combinar una base de personas directamente impactadas por decisiones políticas con un mensaje moral e instituciones influyentes es una receta poderosa para cambiar los sistemas injustos.

Fight for $15 o Lucha por $15 es otro ejemplo de avance en la organización de personas que han sido mayormente marginadas por la sociedad. Contrariamente a los estereotipos de los jóvenes que trabajan a tiempo parcial, los trabajadores de restaurantes de comida rápida a menudo son padres que trabajan múltiples trabajos para mantener a sus familias. No, solo reciben salarios bajos, sino que también se enfrentan a condiciones de trabajo peligrosas y horas impredecibles. Ha habido una larga historia de organizadores de vecindarios que han encontrado trabajadores con salarios bajos que podrían contar sus historias en apoyo de las campañas municipales y estatales para aumentar el salario mínimo. Pero los organizadores cuyo trabajo condujo a la *Lucha por $15* querían ir más allá de reclutar voceros y construir una base activa de trabajadores. Con el apoyo del *Sindicato internacional de empleados de servicio* (SEIU por sus siglas en inglés), organizadores en la ciudad de Nueva York comenzaron a experimentar con nuevas estrategias para llegar a los trabajadores de restaurantes de comida rápida directamente en sus lugares de trabajo. Desarrollaron *"raps"* (guiones cortos) que ayudaron a los organizadores a ir a los restaurantes y hablar con los trabajadores sobre las condiciones laborales. Los organizadores utilizaron anuncios de *Facebook* para crear listas de trabajadores que querían realizar cambios en sus lugares de trabajo. Estas técnicas permitieron a *Fight for $15* identificar a miles de trabajadores de restaurantes de comida rápida dispuestos a renunciar al trabajo para obtener mejores salarios y un sindicato[84].

Una Unidad Constitutiva No Es Abstracta

Debes ser preciso acerca de las personas específicas a las que organizas en un distrito electoral. La base de membresía de SEIU incluye muchos trabajadores de bajos sueldos, que han ganado mejores salarios y beneficios a través de la negociación colectiva. Pero los trabajadores de bajos salarios no son realmente un electorado. Es una etiqueta que les damos a las personas que hacen muchos trabajos diferentes en diferentes lugares bajo diferentes circunstancias. En la década de 1980, la campaña Justicia para Conserjes de SEIU organizó a mujeres y hombres que limpiaban grandes edificios de oficinas. Los organizadores de SEIU tuvieron que descubrir qué trabajadores estaban organizando, en qué edificios, en qué ciudades. Lo mismo es cierto para *Fight for $15* (que debía identificar qué cadenas de restaurantes en qué ciudades) o cualquier otra campaña exitosa de organización. Hasta que podamos hacer una lista de las personas que tenemos la intención de organizar y describirlas de manera específica para encontrarlas en persona, solamente estamos organizando ideas, no personas.

El Poder De Escuchar

El proceso de construir una base es tan simple como salir y hablar con la gente sobre lo que les importa, lo que quieren ver cambiar, lo que les enoja. Cuando W. W. Law regresó a casa después de luchar en la Segunda Guerra Mundial, se convirtió en un líder en la sucursal de la NAACP en Savannah, Georgia y encontró trabajo como cartero. Me dijo que la entrega de correo cumplió dos objetivos: le dio un salario que no dependía de la estructura de poder local y lo sacaba a la calle a hablar con la gente todos los días. Mientras Law recorría las calles entregando el correo, construyó una base política. A través de miles de conversaciones a lo largo de muchos años, desarrolló un electorado grande y leal que estaba dispuesto a seguirlo a él y al NAACP en la lucha. Esta es la base de las sentadas y las reuniones masivas semanales. Mostró la estructura de poder de Savannah que estaba en contra de una comunidad unificada. La capacidad de Law para representar a las personas con quienes mantenía una conversación regular era su boleto al liderazgo y la influencia fidedignos.

La construcción de base funciona porque somos seres sociales. Con el tiempo, si hablas con suficientes personas y luego reúnes a algunas de ellas, cambiarás la dinámica de poder en una comunidad. Toma diez personas en una comunidad que comparten puntos de vista comunes pero que no se conocen entre sí. Ahora agrúpalos para conocerse. La investigación muestra que cada uno se volverá más influyente y persuasivo en su comunidad[85].

De manera similar, el principal factor que determina si la gente vota es si votan sus amigos, familiares, compañeros de trabajo y vecinos. Las personas dan muchas razones de por qué votaron o no, pero estas son racionalizaciones posteriores al hecho. La investigación muestra que lo que realmente lleva a la gente a votar es la presión social de las personas que los rodean[86]. Esta es una de las razones por las que el escrutinio de puerta a puerta, especialmente por parte de personas del mismo vecindario, aumenta la concurrencia de votantes[87]. Si la organización y la construcción de bases alcanzan una intensidad lo suficientemente alta, puede despertar a cualquier comunidad. Puede crear una cultura en la que la participación política sea la norma esperada.

Preguntas Difíciles

La habilidad principal que impulsa la construcción de bases hacia adelante es la capacidad de hacer preguntas difíciles que desafíen a las personas a tomar la iniciativa y tomar el liderazgo. No le hacemos favores a nadie cuando hablamos con personas, pero no podemos proponer un próximo paso convincente. Darle a alguien una proposición reflexiva es un regalo. Pedir es una forma de arte. Las propuestas deberían ser lo suficientemente grandes como para ser algo sorprendentes, pero no tan grandes como para abrumarlas. Estamos buscando pequeños pasos que sean significativos. Haz la pregunta y luego deja de hablar. Espera la respuesta. No pises tu propia pregunta.

Sin embargo, las proposiciones más poderosas no son solicitudes para que alguien haga un trabajo. Deben convertirse en una nueva persona. Convertirse en una persona pública con el poder de dar forma al mundo no es fácil. Al igual que los esclavos hebreos, inevitablemente enfrentamos una dura oposición que nos dice que regresemos a nuestros lugares pasivos en la sociedad. Se descarta que no tengamos nada que ofrecer. Solo causamos problemas. Es fácil concluir que la lucha por encontrar nuestras voces y nuestra libertad no vale la pena. Si trabajas para construir el poder, ya seas un líder de la comunidad que trabaja como voluntario o como un organizador remunerado, tu trabajo es motivar a las personas a seguir adelante a pesar de la resistencia que enfrentan.

Haz Del Escuchar Una Campaña

Desafortunadamente, la escucha y la construcción de bases a menudo pasan a segundo plano a actividades de organización aparentemente más emocionantes, como las protestas y los mítines. Una forma de contrarrestar esa tendencia es tratar el trabajo de traer a nuevas personas y desarrollar sus habilidades de liderazgo como campañas, con objetivos numéricos específicos, plazos, un plan de comunicaciones y una distribución de roles.

United Farm Workers usó "reuniones en casas" para construir su movimiento. Propusieron a las personas que invitaran a sus compañeros de trabajo, amigos y vecinos a sus casas para entablar una conversación de una hora o una hora y media. En una reunión típica en casa, el anfitrión comienza con explicar su motivación personal y los objetivos de la organización que desean construir. Se les pide a las personas que compartan sus historias y preocupaciones. Por último, los participantes se les extienden una propuesta de organizar sus propias reuniones. Las reuniones en casa crean una prueba concreta para los anfitriones, cuyo potencial de liderazgo se demuestra por su capacidad de reunir personas. En estas reuniones surgen ideas y nuevos líderes. Y las personas que asisten pueden decidir seguir reuniéndose y convertirse en un equipo organizador. Miles de organizaciones han utilizado campañas de reuniones en casa para formar sus membresías y encontrar nuevos líderes. Las reuniones en casa fueron un componente principal del proceso de la campaña de Obama de 2008 para reclutar voluntarios y organizar equipos vecinales para contactar a los votantes.

Las campañas de escucha, también, se pueden estructurar de otras maneras. "Sábados de escucha" puede reunir a las personas después de los servicios religiosos para compartir sus historias y preocupaciones. Cuando estaba organizando en las escuelas de Filadelfia, aprendimos que se podía llegar a más padres a través de las reuniones de grado: sesiones cortas de escucha para los padres de cada grado. Más padres asistirían a una reunión de grado que a una reunión de toda la escuela, presumiblemente porque la invitación para todos los padres de tercer grado es más personal y relevante. Ese es un ejemplo del poder de los grupos pequeños. "Lo que importa no es que hubo una invitación general de la que me enteré, sino que una persona específica me comunicó que me buscaban en esta reunión". Esa es la clave para las campañas de escucha que llegan a miles de personas y desbloquean las redes sociales dentro de una comunidad.

Imaginar Un Proceso De Escucha En Todo El País

En España, *Podemos* es un partido político populista que surgió del movimiento social anti austeridad del país de *indignados*. Después de que se lanzó la fiesta, se llevó a cabo un proceso de discusión pública de dos meses para debatir sobre su estructura ética, política y organizacional. Más de cien mil personas participaron. Los líderes de *Podemos* intentaban construir un partido político responsable ante una base organizada de personas, a diferencia de cualquier otro partido en España. Fueron influenciados por los movimientos indígenas latinoamericanos, lo que hizo que los procesos de escucha a nivel nacional fueran un componente clave de su estrategia política.

El rápido crecimiento de *Podemos* fluyó de miles de *círculos* (grupos de voluntarios), algunos organizados a nivel de vecindario y otros entre personas de las mismas profesiones, que debatieron las decisiones de los partidos y tomaron medidas directas, como detener los desalojos. En 2014, la campaña de escucha de dos meses de *Podemos* culminó en un congreso nacional al que asistieron once mil personas. La membresía del partido debatió las decisiones clave en público frente al país. *Podemos* también ha utilizado herramientas de redes sociales para hacer crecer su base. Usó el *crowdfunding* para financiar sus operaciones y campañas y dos herramientas específicas de redes sociales (*Agora Voting* y *Appgree*) para solicitar preferencias de los miembros del partido sobre los candidatos y los miembros de la encuesta sobre las propuestas de políticas. También usó *Reddit* para apoyar la discusión dentro y entre los *círculos*[88]. Esta escucha y construcción de bases no ha sido fácil de mantener con el tiempo, pero ha ayudado a generar una visión compartida y una agenda que fusionó a las personas en un movimiento y ha convertido a *Podemos en* el segundo partido político más grande de España.

Aclarar La Visión Y Los Objetivos

Debido a que cada uno de nosotros es único, hacer que las personas estén en sintonía y avanzar juntos puede ser difícil. Por un lado, está el problema del "oportunista", la tendencia de algunas personas a achantarse y obtener los beneficios del trabajo del grupo más grande sin contribuir por sí mismas. Afortunadamente, solamente se necesita una pequeña fracción de cualquier comunidad, estado o país para crear una revolución social. Theda Skocpol define a las organizaciones con densidad de membresía como aquellas que representan al menos el 1 por ciento de la población objetivo[89]. Por ejemplo, la *Alianza Popular de Maine* tiene 32,000 miembros que pagan sus cuotas de 170 ciudades y de todos los condados del estado[90]. Eso es aproximadamente el 2.5 por ciento de la población de Maine, lo que significa que quienes toman las decisiones en el estado deben tomarse en serio la agenda de la alianza.

Pero incluso con una pequeña parte de la población, sigue siendo difícil armonizar las necesidades y los sueños de las personas y llegar a un acuerdo sobre cómo hacer el mejor cambio. Muchos de nosotros entramos en organizaciones con una comprensión nebulosa de cómo las estructuras moldean nuestras vidas y qué personas se benefician de los problemas que vemos a nuestro alrededor. Mover a un grupo a la claridad sobre qué hacer juntos y cómo hacerlo requiere de trabajo y paciencia. Las empresas conocen su balance final. Eso les ayuda a descubrir rápidamente si deben trabajar colectivamente y qué demandas deben hacer. Pero los grupos de individuos tienen muchos resultados diferentes que deben negociarse a través de lo que pueden parecer reuniones interminables.

Llegar a una gran demanda compartida y la estrategia política para ganar es una parte clave de la construcción y el mantenimiento de una base. Lo último que queremos es una base, ya sea sin una demanda en vivo o con una demanda en vivo que no tiene una estrategia clara para la victoria. La otra tendencia común a evitar es fragmentar tu base al dividir sus esfuerzos y centrarse en campañas simultáneas. Es mejor dedicar suficiente tiempo a la estrategia y al desarrollo de la solidaridad para que la gente pueda secuenciar las demandas, en lugar de dividirse en comités y correr en diferentes direcciones a la vez.

El próximo capítulo analiza de cerca la estrategia política y las demandas de políticas. En este punto, quiero centrarme en cómo alineamos a las personas en torno a una visión y objetivos específicos. Digamos que hemos escuchado las preocupaciones e ideas de mil quinientas personas a través de reuniones en la casa y otras sesiones de escucha. Hemos llevado a cabo acciones de investigación con funcionarios públicos y otras personas que pueden ayudarnos a analizar los problemas que las personas han planteado. Conocemos los puntos de mayor dolor en la comunidad y hemos identificado algunas posibles oportunidades para la acción. Queremos tomar todo lo que hemos escuchado y visto y usarlo para establecer prioridades. Queremos una agenda y una estrategia que puedan unir a las personas y comenzar a encaminarnos hacia cambios estructurales.

La primera serie de preguntas para hacer son acerca de la visión. Si nos liberamos de las limitaciones por un momento, ¿cuál es nuestro sueño de cómo se vería el mundo? Describe tu tierra prometida de la manera más concreta posible. ¿Cómo sería nuestra ciudad, estado o condado si reflejara tus valores? ¿Qué tan similares son nuestras visiones? Luego, analicemos nuestro análisis político de la situación en la que nos encontramos: ¿Cuál es nuestro poder? ¿Cuán preparada está nuestra base para actuar juntos? ¿Nos mantendremos unidos contra la resistencia, o nos retiraremos? ¿Con quién nos enfrentamos? ¿Cuáles son sus fortalezas y vulnerabilidades? ¿Cuán difícil creemos que será para que negocien? ¿Quiénes son los aliados que nos apoyarán? ¿Quién está indeciso? Este tipo de análisis compartido ayuda a las personas a comenzar a consolidarse en una base. Y sienta a las bases para que las personas tomen decisiones difíciles sobre sus prioridades.

Eso nos lleva a la siguiente pregunta: dada nuestra visión y nuestro análisis, ¿Cuáles son algunos objetivos concretos que podríamos lograr juntos? Los buenos objetivos de organización son estratégicos:[91] que no sólo ofrezcan beneficios reales para nuestra base, sino también cambiar el poder en nuestra dirección o nos preparó para el éxito en las futuras luchas. El impulso de SNCC sobre los derechos de voto fue estratégico. Abarcó una de las contradicciones fundamentales de mantenimiento de los negros en la pobreza en el Sur, a falta de poder político para obligar a la inversión en la educación y el desarrollo económico de las comunidades negras, mientras que obligó a la mano del gobierno federal para aprobar una Ley sobre los derechos de voto.

También queremos que nuestros objetivos sean mensurables. De esa forma, sabemos si tuvimos éxito o fracasamos y podemos aprender de la experiencia. Una buena manera de hacer que los objetivos sean medibles es pedirles a las personas que describan qué exactamente sería diferente para ellos y para las personas que conocen si tuviéramos éxito. En otras palabras, ¿Cómo se ve el éxito? Muchas veces, cuando hablamos sobre los cambios que queremos lograr, nos referimos a ideas abstractas o nobles, como que nuestros hijos obtendrían una mejor educación o que las familias inmigrantes no sentirían miedo a la deportación. Estos encajan en la discusión de la visión. Con objetivos mensurables, queremos adentrarnos en el ámbito de las cosas que, si regresamos del futuro, podríamos legítimamente decir que ganamos o perdimos. Si no es posible decir "Sí, logramos eso" o "No, nos quedamos cortos", entonces no hemos identificado una medida útil para el éxito. Digamos, por ejemplo, que el estado en el que vives (Pennsylvania, en este caso) es uno de tres sin ninguna fórmula de financiación de educación estándar. En cambio, los políticos deciden cada año cuánto dinero será otorgado a qué distritos escolares. Los sistemas escolares urbanos y rurales deficientes carecen de fondos suficientes, y cuanto mayor es la matrícula negra, peor es la disparidad. En este caso, nuestra meta de éxito mensurable podría ser una fórmula de financiamiento que elimine las disparidades raciales inmediatamente y nos coloque en un camino de cinco años para igualar los fondos, con pesos adicionales en la fórmula de financiamiento para estudiantes con discapacidades, inglés como segundo idioma, y otras necesidades especiales.

Si las demandas son demasiado pequeñas, la gente pierde interés y no ve el esfuerzo necesario como algo que valga la pena. Si las demandas son demasiado grandes o no se fragmentan en pedazos, las personas no pueden llegar al siguiente paso. En 2006, las federaciones de la red *Faith in Action* decidieron trabajar juntas y con otras organizaciones con el objetivo de cubrir a todos los niños de los Estados Unidos con un seguro de salud. Algunos de nuestros aliados sindicales y comunitarios consideraron que comenzar con niños era una "oportunidad inmediata" que podría aliviar la urgencia de una reforma de salud más amplia. Pero desde una perspectiva de construcción de bases, sentimos que las luchas estatales sobre la expansión de la cobertura de salud y una lucha nacional de salud infantil fueron buenos pasos hacia la creación de un movimiento más amplio dirigido por las personas para garantizar la cobertura de salud para todos. En última instancia, ganar la campaña para ampliar la cobertura de los niños fue más difícil y llevó más tiempo del que esperaban las personas. Pero ayudó a construir una mayor circunscripción organizada para la reforma nacional de salud. Eso contribuyó al impulso exitoso para la aprobación de la Ley de Cuidado de Salud a Bajo Precio, después de más de cien años de intentos fallidos de proporcionar cobertura de salud casi universal en los Estados Unidos (una victoria a pesar de los esfuerzos continuos para derogar y socavar la ley).

Algunos objetivos mensurables pueden tardar años en alcanzarse. Aun así, los objetivos deben ser muy claros y bien entendidos. Y se necesita una estrategia plausible para ganar, con pasos trazados o los objetivos serán solo palabras escritas en papel. La clave es que se puede decir con toda franqueza: "Volveremos en seis meses o dos años a esta sala. Ver si podemos llegar a un punto en el que todos podemos estar de acuerdo que este objetivo se cumplió o no". Por supuesto, cuantos mayores sean los objetivos, más grande y más fuerte será la base que necesitamos para ganar.

En nuestra lucha para proteger el programa de autismo de mi hijo, uno de los momentos más difíciles fue cuando nos dimos cuenta de que nuestra base era demasiado pequeña para ganar. Nos comprometimos con muchos de los padres que tenían hijos en el programa, pero no contábamos con suficientes personas para influir al colegio. Entonces tomamos la decisión de comenzar a acercarnos a otras familias con niños que no requerían de la educación especial. Para algunos de nosotros, eso significaba hablar con personas por primera vez sobre el hecho de que nuestros hijos tienen autismo. No estábamos seguros de qué esperar. Pero cientos de padres firmaron nuestra petición, y muchos se presentaron a las reuniones de la junta para apoyarnos. Esa respuesta nos mantuvo en marcha. Me conmovieron algunas de las personas a las que no esperaba que dieran ni un paso al frente y también quienes compartieron sus propias historias de lucha para satisfacer las necesidades de sus hijos en la escuela. Fue un buen recordatorio de no subestimar tu electorado. La gente vio a nuestros hijos como sus hijos. Entendieron que una red de interdependencia nos unía. Sin embargo, no siempre vemos que lo que podemos lograr en el mundo se vincula a nuestra capacidad de convertir esa red en un movimiento vivo y respirante de personas capaces de enfrentar y negociar el cambio con quienes usurpan el poder.

CAPÍTULO 7: EL PODER – GANAR PARA OBTENER UN CAMBIO SOCIAL

En junio de 2010, cuando los bancos más grandes del país invirtieron más de $1 millón por día para cabildear contra la legislación federal diseñada para evitar otra crisis financiera, llevé a mi hija, Natalia, a la ciudad de Nueva York para una marcha en Wall Street. La noche anterior, ella estuvo en un programa de música de su escuela primaria. El coro cantó canciones de libertad de los negros y recreó momentos famosos en la lucha por los derechos civiles. Los estudiantes (vestidos con camisas blancas y pantalones y faldas negros) captaron la claridad moral de ese movimiento. Al día siguiente, mientras marchamos con miles de personas a través del bajo Manhattan, pude sentir la confusión e incomodidad de Natalia. Durante un tiempo, nos quedamos atrapados caminando junto a personas que cantaban obscenidades. Pero incluso después de encontrar a otros con quienes marchar, la discordancia de los mensajes y la falta de una narración moral clara eran dolorosos de observar a través de los ojos de una niña de diez años.

La gente a menudo asocia movimientos sociales con grandes marchas y mítines. Cuando estratégicos y centrados, los eventos de alto perfil pueden ayudar a impulsar las demandas hacia adelante y demostrar el apoyo del público. Pero, también, pueden hacernos sentir vacíos, preguntándonos qué hemos logrado. Para que el cambio social tenga éxito, los momentos decisivos deben descansar sobre una base estratégica de organización de base. Mis amigos organizadores chilenos describen esto como el trabajo de hormigas. Implica reclutar pacientemente a personas, desarrollar sus habilidades de liderazgo;

alinearlos en torno a una agenda común, desarrollar estrategias en conjunto, hacer demandas y realizar cambios que las personas puedan ver y sentir en sus vidas.

Un elemento esencial de esta organización cotidiana es confrontar (y negociar) directamente a las personas que ocupan cargos de autoridad, aquellos que, si tomaran decisiones diferentes, podrían aliviar el sufrimiento y la injusticia que vemos a nuestro alrededor. Esta confrontación, que no siempre se siente como una discusión educada, es la quinta conversación esencial para el progreso social. Involucrar directamente a las personas en el poder es importante porque nos ayuda a realizar nuestro propio poder y hace que nuestras organizaciones sean más inteligentes y valientes. Y las victorias que ganamos como resultado sientan las bases para un cambio legislativo y cultural a gran escala.

Hoy en día, más de este tipo de organización de base toma lugar en los Estados Unidos (y en todo el mundo) a pesar de lo que nos llevan a creer en los medios—pero no lo suficiente. La organización cara a cara destinada a mejorar la vida cotidiana de las personas es un músculo que hemos permitido atrofiarnos. En *Jugar boliche solo: El colapso y el renacimiento de la comunidad estadounidense* (Bowling Alone: The Collapse and Revival of American Community), Robert Putnam dice que los niveles de participación en protestas y desobediencia civil no cambiaron significativamente entre 1960 y 2000 (aunque la aceptación pública de estas actividades aumentó hasta el punto de que ya no sorprendían a la gente)[92]. Por otro lado, la participación de las personas en la actividad política y cívica local disminuyó drásticamente durante este mismo período[93]. Eso tiene que cambiar si tenemos alguna esperanza de asumir las amenazas que enfrentan nuestras comunidades y la sociedad.

Este capítulo cuenta con tres secciones. La primera muestra cómo la confrontación cara a cara con los que toman las decisiones ayuda a las personas a convertirse en agentes del cambio. Ofrece ejemplos de cómo este enfoque funciona en la práctica y comparte una herramienta (una "acción de investigación") que puede ser utilizada para estructurar las conversaciones con las autoridades y comenzar a desenredar la injusticia. La segunda sección explica cómo las campañas que trabajan por cambios tangibles en las comunidades pueden allanar el camino para los movimientos estatales y federales más grandes. La tercera sección se centra en cuatro principios de estrategia que ayudan a las organizaciones y movimientos a ganar campañas de cambio. El capítulo muestra cómo las conversaciones sobre el propósito, la historia, el equipo y la base discutidas en capítulos anteriores pueden conducir a victorias que mejoran la vida de las personas. También debería ayudar a responder la pregunta de cómo las personas organizadas pueden prevalecer sobre las fuerzas ricas y poderosas.

Enfrentar El Poder

La razón principal por la cual se debe confrontar a alcaldes, fiscales de distrito, directores ejecutivos de bancos y otros en puestos de autoridad es para negociar cambios que importan a nuestras familias y comunidades. Al hacerlo, reclamamos algo de nuestra humanidad y voluntad en el mundo. En cada momento de nuestro día, las compañías compiten por nuestra atención, tratan de vendernos productos, emociones y experiencias que quizás no necesitemos o incluso que no deseemos. Nuestro sistema político sigue cada vez más el mismo patrón. Los candidatos, los partidos y los intereses especiales gastan miles de millones de dólares en bases de datos masivas y anuncios que tratan a los votantes como productos que pueden ser vendidos, desactivados o persuadidos a votar de ciertas maneras. Esta "comercialización de la política"[94] puede dejar a muchos de nosotros sintiéndonos alienados de cuestiones políticas y pasivos sobre las decisiones que dan forma a nuestras vidas.

Eso comienza a cambiar cuando nos sentamos cara a cara con los responsables de la toma de decisiones para explicar cómo experimentamos la injusticia, ya sea perder a un ser querido por la violencia con armas de fuego o tratar de criar a una familia con trabajos de salarios mínimos. Cuando compartimos nuestro dolor y examinamos qué se puede hacer al respecto o exigimos cambios en las políticas, pasamos de ser objetos de la manipulación de otra persona a agentes de nuestro propio destino. La experiencia puede ser emocionante e intimidante. Es común que las personas tengan reacciones físicas de ansiedad (como tener las palmas sudorosas) cuando se reúnen con los funcionarios. Los políticos pueden usar nuestro nerviosismo e incomodidad para aislarse de la responsabilidad o para salirse con la suya. Lyndon Johnson era famoso por usar su armazón de dos metros y medio para intimidar a la gente a hacer lo que quería (de hecho, incluso se le llegó a llamar "*el Tratamiento Johnson*"). Según los informes, había personas que conversaban con él mientras estaba sentado en el inodoro, o arrinconaba a los senadores cuyos votos deseaba y se les ponía en la cara, y hacia sus demandas.

Aunque puede no haber funcionado con Johnson, una herramienta para estructurar interacciones con personas poderosas en *nuestros* términos es una "acción de investigación". Esta es una reunión pequeña (asistida quizás por ocho o diez personas) con un responsable de la toma de decisiones o alguien que tiene una idea de las políticas y los sistemas que tratamos de cambiar. Típicamente, las primeras reuniones no incluyen demandas. Se centran en determinar la autoridad y las perspectivas de la persona con la que nos reunimos. Hacemos preguntas sobre cómo se toman las decisiones. Buscamos contradicciones entre lo que el funcionario dice que debe suceder y lo que vemos que ocurre. Probamos soluciones. Al igual que con la mayoría de las actividades de organización, nos preparamos con anticipación (para compartir ideas y distribuir roles). Las actividades de investigación pueden comenzar con las presentaciones y conocer a la persona que está cumpliendo con, pasar a las preguntas, y concluir con una discusión sobre los próximos pasos (por ejemplo, pedirle al oficial que asista a una reunión más amplia). Lo que es más importante (y, a veces, a sorpresa de la persona con la que te reúnes) es presentarse con un sentido de curiosidad. A menudo, las organizaciones establecen un gran número de acciones de investigación después de las campañas de escucha. Estas reuniones con funcionarios y personas con experiencia ayudan a la organización a comprender y priorizar mejor las cuestiones planteadas durante el proceso de escucha e identificar oportunidades para tomar acción.

Al estudiar el trabajo de *Faith in Action*, Paul Speer y Brian Christens descubrieron que la participación en acciones de investigación era el mejor predictor de que alguien asumiría un mayor liderazgo en las organizaciones y se sentiría más involucrado en sus comunidades[95]. Las reuniones pequeñas con funcionarios electos pueden ser experiencias nuevas e inesperadas que ayudan a las personas a verse a sí mismas y al mundo de manera diferente. Es por eso que es importante mover rápidamente a las personas a encuentros cara a cara con los que toman las decisiones si quieren que se queden y crezcan.

Estas experiencias nos ayudan a darnos cuenta de que estamos en contra de otros seres humanos y las reglas creadas por el ser humano, en lugar de verdades establecidas. Los sistemas que oprimen y excluyen son más improvisados de lo que creemos. Están llenos de contradicciones e inconsistencias y son especialmente vulnerables a las confrontaciones de personas a las que han infligido el mayor dolor, como personas que han perdido sus hogares por ejecuciones hipotecarias u hombres y mujeres anteriormente encarcelados que trabajan para restaurar sus vidas. Esa es una de las razones por las cuales las campañas de justicia social deben ser lideradas por personas que han tenido la experiencia más directa con sistemas injustos y tienen el mayor interés en el cambio.

El objetivo final de cualquier sistema es la auto preservación. La supervivencia supera a las declaraciones de misión más elevadas, por lo que las personas que utilizan sistemas a menudo violan sus principios establecidos para preservar sus privilegios. El punto de partida para transformar un sistema es comprender que se rige por un reglamento (una combinación de las políticas oficiales y las formas informales en que habitualmente se hacen las cosas). Las reglas, algunas de las cuales generalmente están ocultas, describen quién se beneficia, quién está excluido, quién puede hacer qué y tomar qué decisiones, según qué criterios: quién es elegible para la cobertura de salud, quién puede obtener préstamos estudiantiles a qué tasas de interés, cuáles trabajadores están cubiertos por el salario mínimo y cuáles trabajan solo por propinas. Los reglamentos pueden ser reescritos, pero primero tenemos que entenderlos, y es por eso que las acciones de investigación pueden ser tan útiles.

Por ejemplo, al principio de nuestra campaña para salvar el programa de autismo de mi hijo, tuvimos una serie de reuniones de investigación con los miembros de la junta escolar y el personal del distrito escolar. Las reuniones nos ayudaron a darnos cuenta de que el superintendente era nuestro mayor problema. La presidenta de la junta escolar lo respaldaba, lo que explicaba por qué no avanzábamos con ella. Cuando finalmente nos encontramos con el superintendente, se sentó en la reunión durante casi una hora sin decir una palabra. Estaba sentado a su lado y vi sus manos temblar ligeramente (el nerviosismo puede funcionar en ambas direcciones). Eventualmente, uno de los padres dijo: "¡Me gustaría escuchar lo que el superintendente tiene que decir!" Lo primero que dijo el superintendente fue: "No tengo hijos. Entonces no puedo saber cómo se sienten". Y luego dijo: "No quiero decir nada sobre el programa de autismo porque usarán lo que digo en mi contra".

Este fue el tipo de acción de investigación en la que no aprendemos mucho directamente. Pero cuando nos informamos después (que es tan importante como la reunión en sí), el consenso fue que el superintendente no tenía una buena comprensión del programa. Él estaba, como dijo uno de los padres, mirando el problema a través de las "gafas verdes" de un contable. Nuestra experiencia de conocer al tipo más importante cara a cara y ver que él no se había involucrado con la esencia de nuestras preocupaciones nos motivó a sostener otra ronda de conversaciones con los miembros de la junta escolar. Mostrarles el valor del programa de autismo no fue suficiente. Tuvimos que convencerlos de que no deberían diferir las decisiones sobre el programa al superintendente. Al final, cuatro de cada cinco miembros de la junta votaron para restaurar el financiamiento, y la presidenta de la junta escolar votó en contra. Luego votó en contra de todo el presupuesto de $500 millones, sorprendiendo a sus colegas, quienes le dijeron que era una traición liderar un proceso presupuestario, solo para votar en contra del resultado final. Resultó que estábamos atrapados en un debate más amplio sobre el equilibrio de poder entre la junta escolar y el superintendente. Para ganar, teníamos que entender lo suficiente acerca de la política de la junta escolar para perturbarlos, lo que fue posible porque habíamos realizado una docena de acciones de investigación.

Cuando nos reunimos con los funcionarios públicos en nuestros términos, con el tiempo también nos volvemos más seguros de nuestro poder. Aquí hay otro ejemplo de cómo el compromiso puede motivarnos a seguir luchando y ayudarnos a avanzar en nuestra agenda. El día después de las elecciones de mitad de período de 2010, me uní a dos docenas de propietarios y clérigos que viajaron a Washington, D.C., para reunirse con el secretario del Tesoro de los Estados Unidos, Tim Geithner. La noche anterior, habíamos abandonado nuestro plan para preparar la reunión. En cambio, fuimos a ver a *Inside Job* (también conocido como Trabajo confidencial), una película que narra las medidas extraordinarias que Geithner y su predecesor, Henry Paulson, tomaron para proteger a los bancos más grandes del país.

Al día siguiente, nos sentamos alrededor de una gran mesa de conferencias en el último piso del Edificio del Tesoro. La Rev. Lucy Kolin, de Organizaciones Comunitarias de Oakland, presidió la reunión. Hizo dos cosas que ilustran el poder personal que las personas desarrollan al involucrarse en muchas interacciones cara a cara con los que toman las decisiones. Cuando el personal quería comenzar sin Geithner, diciendo que se uniría a nosotros más tarde, Lucy cortésmente dijo: "No, con mucho gusto esperaremos aquí hasta que esté disponible". Me preguntaba si el personal pensó que podrían terminar con un grupo de clérigos y propietarios de viviendas que ocuparían el Tesoro y se negarían a irse, porque sacaron sus celulares inmediatamente y mágicamente Geithner apareció poco después. Cuando Geithner se sentó a la cabeza de la mesa, comenzó a hablar. Lucy cortés pero firmemente lo detuvo y dijo: "Preparamos una agenda que compartimos con su personal previo a la reunión. Nos gustaría seguir esa agenda". Geithner hizo una doble toma y luego dijo: "No estoy acostumbrado a eso, pero está bien". Y Lucy dirigió la reunión de principio a fin.

Durante la reunión, las personas compartieron historias de perder sus hogares por ejecución hipotecaria. Hablaron de vecindarios enteros que estaban financieramente bajo el agua y medio vacantes como resultado de la crisis financiera. Presentamos una serie de pasos que la Administración de Obama podría tomar sin el Congreso (que luego de las elecciones de mitad de período pronto estaría en manos de los republicanos) para evitar hasta un millón de ejecuciones hipotecarias innecesarias. Instamos a Geithner a adoptar políticas específicas que esencialmente romperían el vínculo entre los propietarios que pierden sus trabajos y sus hogares. Geithner escuchó. Dijo que simpatizaba con nosotros y estuvo de acuerdo con nuestro análisis, pero que tenía las manos atadas y que no tenía el poder para hacer lo que le pedíamos. En ese momento, uno de los pastores perdió los estribos y le preguntó a Geithner cómo pudo mover cielo y tierra para rescatar a sus amigos banqueros, pero no tenía poder para ayudar a las familias. Geithner no tuvo una respuesta.

Fue frustrante ver la desconexión del secretario del Tesoro de cerca. Pero sentarse con él ayudó a motivarnos a seguir luchando. Y aclaró nuestra estrategia. Ninguno de nosotros se fue creyendo la afirmación de Geithner de que no se podía hacer nada. Vimos más claramente el abismo entre lo que el gobierno de Obama dijo que estaba haciendo para detener las ejecuciones hipotecarias y lo que podría hacer. Al informar después de nuestra experiencia en el Tesoro, reconocimos que no obtendríamos respuestas de Geithner. Decidimos que teníamos que enfocarnos en la Casa Blanca. Así que trabajamos para conseguir una reunión con Gene Sperling, que acababa de ser nombrado para dirigir el Consejo Económico Nacional del presidente

Obama (en sustitución de Larry Summers). Nuestro primer encuentro con Sperling en la Sala Roosevelt fue polémico en ambos lados. Nos enojamos cuando Sperling se fue en medio de la reunión. Pero habíamos dado un paso adelante. Pudimos poner a Sperling en una habitación cara a cara con las familias que tenían más en juego por las decisiones que estaba tomando, y él había estado dispuesto a discutir con nosotros. Sabíamos que progresábamos cuando comenzamos a reunirnos regularmente con Sperling en su pequeña oficina en el *West Wing* de la Casa Blanca. Pero no desistimos de nuestras demandas hasta que La Red de Comunidades en Acción de Massachusetts o *Massachusetts Communities Action Network* (liderado por un veterano organizador Lew Finfer) pudo obtener una historia sobre los propietarios desempleados que enfrentan ejecuciones hipotecarias en la portada del *New York Times* (tomó seis meses de trabajo con el periodista para publicar la historia)[96].

Esa noticia y las crecientes críticas al enfoque de la administración sobre las ejecuciones hipotecarias nos dieron poder para comenzar a negociar cambios en las políticas que cubrían muchas de las recomendaciones que originalmente le habíamos presentado al Secretario Geithner. Estas incluyeron permitirles a los propietarios desempleados postergar doce meses de pagos para mantener sus hogares hasta que encontraran un nuevo trabajo. Los cambios que resultaron de nuestro ciclo de confrontación con el Departamento del Tesoro y la Casa Blanca llegaron demasiado tarde para muchas familias. Pero ayudaron a algunos que de otra forma hubieran perdido sus hogares.

La gente dice que los funcionarios electos trabajan para los votantes, no a la inversa. Pero en la práctica, esto sucede solo si *nosotros, las personas,* tomamos la iniciativa. Las personas se sienten menos intimidadas al negociar con un funcionario electo si se han reunido con ese funcionario mientras se postulaba para un cargo. Y cuando nuestra confrontación con los tomadores de decisiones da como resultado cambios de los que nosotros y otros podemos beneficiarnos directamente, como detener los desalojamientos, sacar a los padres de los centros de detención de inmigrantes o aumentar los salarios para poner más dinero en los bolsillos de los trabajadores, nos convertimos en actores políticos que moldeamos al mundo. Y sentamos las bases para peleas más grandes.

Crear Precedente Y Momento Para Mayores Cambios

Las victorias que ganamos del enfrentamiento cara a cara con las autoridades no solo nos dan mejores vidas; también crean energía, lecciones, ímpetu y precedente para los cambios a gran escala en la sociedad: si conectamos los puntos entre los problemas en los que estamos trabajando y los sistemas y decisiones más grandes. Las personas que manejan las cosas quieren que creamos que la iniciativa depende de ellos e incluso nuestras propias organizaciones de justicia social a veces caen en la trampa de pedirnos que tomemos pequeñas medidas para causas importantes (por ejemplo, firmar una petición o hacer una llamada telefónica) sin darnos formas de participar de manera más profunda. Sin embargo, a lo largo de la historia de los EE. UU., los grandes cambios sociales generalmente provienen de acciones colectivas que comienzan en las comunidades locales y son lideradas e impulsadas por las personas que tienen más en juego en el cambio.

Sabemos por la historia que el cambio a gran escala puede demorar décadas de organización y luego aparecer en ráfagas increíblemente cortas durante los períodos de intensa movilización. La última vez que un movimiento social provocó un cambio estructural a gran escala en la sociedad estadounidense fue durante un breve período de 1964 a 1965. Ocho meses después de convertirse en presidente, Lyndon Johnson firmó la Ley de Derechos Civiles de 1964 el 2 de julio, superando el filibusterismo más prolongado en la historia de los Estados Unidos. El acto prohibió la discriminación en los entornos públicos, la educación y los programas federales (pero no abordó la votación). Cuatro meses después, Johnson fue reelegido por la mayoría más grande desde 1820. Comenzó su mandato con la mayor mayoría del Partido Demócrata en el Congreso desde 1930. Los demócratas tenían 68 puestos en el Senado y una ventaja de 155 votos en la Cámara. Cinco tumultuosos meses después de las elecciones, un período que incluyó el Domingo Sangriento o *Bloody Sunday* en Selma, Alabama; la exitosa marcha de Selma a Montgomery; y el asesinato de Malcolm X, Johnson firmó la Ley de Inmigración y Nacionalidad, que puso fin a cuatro décadas de cuotas de inmigración racistas que favorecían a los blancos del norte y oeste de Europa mientras impedían a los asiáticos, africanos, judíos y europeos del sur emigrar a los Estados Unidos. Treinta días después, firmó la ley que estableció los programas de salud *Medicare* y *Medicaid*. Una semana después de eso, firmó la Ley de Derechos Electorales. Cada una de estas leyes, más la Ley por los Derechos Civiles del verano anterior, cambiaron fundamentalmente la vida estadounidense. Cambiaron la composición racial y étnica del país, integraron grandes áreas de la vida pública, cambiaron la naturaleza de la ciudadanía y crearon una red de seguridad de la salud de la cuna a la tumba. Las cuatro leyes estaban profundamente entrelazadas. Solo fueron posibles gracias a un poderoso y perturbador Movimiento por los Derechos Civiles que se había desarrollado durante una década.

Los logros de 1964 a 1965 se basaron en una legislación histórica ganada por el movimiento sindical treinta años antes durante una ventana de oportunidad similar. El 5 de julio de 1935, el presidente Franklin Roosevelt firmó la Ley de Relaciones Laborales, la cual colocó al gobierno federal del lado de los trabajadores organizados y creó las condiciones legales para el surgimiento de una clase media estadounidense. Un mes después, firmó la Ley de Seguridad Social, que rompió el vínculo entre el envejecimiento y la pobreza. La presión por estos pilares fundamentales del progreso social provino de un movimiento laboral en acrecentamiento. Los trabajadores habían perdido todo en la *Depresión* y se movían a través de una serie de organizaciones que formulaban demandas claras y estaban dispuestas a interrumpir una sociedad que se había desmoronado. Ese tipo de movilización social y cambio estructural es lo que necesitamos hoy.

Mi colega Joy Cushman describe el proceso de cambio ascendente en los Estados Unidos como una pirámide. En la base hay acciones que las personas pueden realizar en sus comunidades para lograr cambios concretos. Estas son las luchas por el cambio climático que cierran las plantas de energía que funcionan con carbón y persuaden a ciudades enteras para que dejen de comprar energía sucia; las peleas masivas de encarcelamiento que sacan a la policía de las escuelas secundarias; las luchas de trabajo que eliminan las barreras a los trabajadores de los servicios aeroportuarios que se unen a los sindicatos. En Poder e impotencia (*Power and Powerlessness*), John Gaventa se refiere a estas luchas, como "actos límite" porque ayudan a probar los límites de lo que es posible y a establecer luchas más grandes y estructurales[97]. Este nivel de organización generalmente se enfoca en cambios exigentes que la gente puede experimentar a corto plazo en su vida (como inmigrantes que pueden obtener licencias de conducir a pesar de no tener un estatus legal o ciudadanos que no están obligados a divulgar antecedentes penales cuando solicitan un trabajo por primera vez).

En la capa intermedia de la pirámide están las campañas para cambiar la política. Algunas veces usamos los problemas en los que trabajamos a nivel local para crear un nuevo modelo que se puede incluir en las leyes estatales. Aprobar legislación y ganar las medidas electorales requiere alianzas a largo plazo entre las organizaciones que tienen una amplia base de miembros y relaciones políticas con funcionarios electos. Las organizaciones deben planear con anticipación (de dos a cuatro años o más), organizar campañas, crear la capacidad de reunir firmas para colocar medidas en la boleta cada año (en ciudades y estados que permiten iniciativas ciudadanas) y construir coaliciones legislativas que puedan presentar y aprobar proyectos de ley iniciados por la comunidad.

En la parte superior de la pirámide están los cambios estructurales que crean nuevos derechos, cambian fundamentalmente cómo se distribuyen los recursos y las oportunidades en la sociedad, o alteran significativamente la forma en que se toman las decisiones políticas. Ejemplos de grandes cambios nacionales transformadores incluyen la Proclamación de Emancipación, el derecho de voto de las mujeres, la Seguridad Social, la Ley de Derechos Electorales de 1965, la Ley de Aire Limpio, la Ley de Cuidado de Salud a Bajo Precio y la igualdad en el matrimonio. Estos logros implican cambios sociales, culturales y legales a gran escala que son difíciles de revertir.

La clave de los cambios estructurales es que brindan beneficios tangibles a las personas a la vez que cambian las dinámicas de poder subyacentes en la sociedad. Por ejemplo, las campañas estatales que vuelven a otorgar el derecho de voto a los hombres y mujeres anteriormente encarcelados ayudan a las personas a reconstruir sus vidas al mismo tiempo que expanden el electorado y nos acercan a una persona, un voto. Políticas que hacen que los impuestos estatales sean más progresivos o que el capital tributario no pueda inicialmente generar enormes cantidades de ingresos, pero crean un camino hacia un sistema tributario más justo y sientan las bases para una inversión más equitativa en la educación. En 2015, la Alianza Nacional de Trabajadoras Domésticas finalmente ganó una campaña para llevar a las trabajadoras domésticas bajo protecciones laborales federales después de setenta y cinco años de exclusión. Esa fue una gran victoria estructural. Algunas de las luchas de organización más importantes ganan cambios a menor escala que establecen batallas más grandes en el futuro. Por ejemplo, las campañas de transparencia en torno a los tiroteos policiales, los perfiles raciales o las disparidades en los préstamos hipotecarios han servido como trampolín para campañas más grandes.

Aquí hay otro ejemplo de cómo funciona el proceso de cambio de abajo hacia arriba. En 2010, *Contra Costa Interfaith* y otras organizaciones comunitarias en Richmond, California, se organizaron con éxito para acabar con los homicidios juveniles que arrasaban su ciudad. El clero y los residentes realizaban caminatas nocturnas por los barrios donde se llevaban a cabo tiroteos. Se trabajó con las autoridades municipales para contratar y apoyar a los trabajadores de la calle que conectan con pandilleros para interrumpir los ciclos de venganza conducida por la violencia. Y ayudaron a llevar una iniciativa de prevención de la violencia llamada *Ceasefire* (Cese al fuego) a Richmond. En lugar de inundar a los vecindarios con la policía, *Ceasefire* reorienta la vigilancia sobre la pequeña fracción de las personas que son responsables de la mayoría de los crímenes violentos en una dada comunidad. Las personas que corren un alto riesgo de cometer actos violentos reciben "*call-ins*" (o llamados) que incluyen a los fiscales, a los proveedores de servicios laborales y de servicios sociales, al clero y a los líderes de la comunidad.

A los hombres y mujeres que son llamados se les ofrece una opción clara: continúen haciendo lo que están haciendo y terminarán en la prisión, o si optan por salir, los ayudaremos a construir una nueva vida. Estos diferentes esfuerzos se reforzaron entre sí. En definitiva, años de organización de vecinos, cambios en las prácticas policiales y una colaboración sin precedentes entre la comunidad, las agencias sociales y los funcionarios de la ciudad contribuyeron a una reducción del 40 por ciento en la tasa de homicidios en la ciudad.

Muchas de las organizaciones involucradas en el movimiento para reducir la violencia armada en Richmond continuaron trabajando juntas para reformar el sistema de justicia penal de su condado. Un grupo importante que impulsó este cambio fue el Proyecto *Safe Return* (o Retorno Seguro), que fue fundado por Tamisha Walker y otros ciudadanos que habían sido encarcelados anteriormente. El objetivo de *Safe Return* era derribar las barreras a las que se enfrentan las personas cuando se reintegran en sus comunidades y dar a los más afectados por el encarcelamiento masivo una voz pública para desmantelarlo. Aprovechando su éxito en la reducción de homicidios, *Safe Return*, *Contra Costa Interfaith* y otras organizaciones trabajaron para persuadir a la junta de supervisores de su condado de utilizar nuevos fondos estatales de justicia penal para apoyar la prevención de la violencia y el tratamiento de drogas en lugar de construir una nueva cárcel más grande. El liderazgo de personas que estuvieron encarceladas anteriormente fue un ingrediente clave en el éxito de esta campaña. Tenían el mayor compromiso personal para luchar por el cambio y la visión más clara para un nuevo enfoque de la justicia penal. Y luchar por el cese al fuego y verlo salvar vidas hizo que los líderes de base y el clero jugaran como jugadores políticos más seguros en el condado. La noche del voto en contra de la expansión de la cárcel del condado, Jonny Pérez, un joven de diecinueve años que ayudó a dirigir la lucha, dijo: "Si me hubieses dicho hace un año que ayudaría a detener la expansión de una cárcel, te hubiera dicho que estabas loco, pero aquí estoy hoy. Pasé de estar tras las rejas de una cárcel ajena a detener la construcción de una nueva cárcel en mi ciudad y condado"[98].

La organización local en Contra Costa y otros condados en California, a su vez, allanó el camino para una decisiva iniciativa de ley de la justicia penal en todo el estado en 2014. Durante años, fue difícil imaginar a los votantes apoyar políticas para vaciar las cárceles. Sin embargo, eso es lo que hace la organización: hace posible lo imposible y lo inevitable. La *Propuesta 47*, que ganó con el 60 por ciento de los votos en un año electoral de mitad de período, reclasificó siete delitos graves no violentos como delitos menores[99]. Se redireccionaron mil millones de dólares en ahorros a la educación y los servicios para las víctimas del crimen. También permitió que se borrará los antecedentes penales de más de un millón personas, eliminando un obstáculo para encontrar trabajo.

La *Propuesta 47* se convirtió en un modelo para las personas que luchan por desmantelar el encarcelamiento masivo en todo el país. Envió una señal de que la opinión pública cambiaba contra dos décadas de retórica y política de lucha contra el crimen. Un año después de su aprobación, Tamisha Walker llevó a un grupo de mujeres y hombres anteriormente encarcelados de todo el país a una reunión en la Casa Blanca con Valerie Jarrett, la asesora más cercana del presidente Obama. Tomó meses para persuadir a los funcionarios de la presidencia de Obama le permitieran la entrada a *ciudadanos retornantes* (o expresidiarios) a la Casa Blanca. La reunión con Jarrett ayudó a romper el estancamiento en una nueva política federal para "prohibir la entrada" a las solicitudes federales de empleo para reducir la discriminación en la contratación de personas con antecedentes penales.

En *The Economy of Cities* (La economía de las ciudades), Jane Jacobs escribe que "las personas que llevan a cabo actividades gubernamentales, en todo el mundo, tienden a buscar respuestas radicales a los problemas; es decir, respuestas que se pueden aplicar al por mayor en el instante en que son adoptadas. [Ellos] no... hacen que sus mentes se concentren en un problema particular y, a menudo aparentemente pequeño, en un lugar en particular. Y sin embargo, así es como las innovaciones de cualquier tipo tienden a comenzar"[100]. El tipo de organización de base que se practica en Richmond allana el camino para la transformación precisamente porque comienza con la experiencia vivida de las personas en lugar de ideas abstractas. De manera similar, Charles Payne relata a Robert Moses al decir: "Los problemas a ser atacados por el movimiento [de derechos civiles] estaban tan entrelazados que lo único que uno podía hacer era tomar una parte, trabajar en ella y ver hacia dónde se dirigía"[101].

La Estrategia Importa

Cuando te encuentras en medio de una campaña, puede ser difícil saber si estás progresando o si estás estancado. La organización introduce una nueva dinámica que trata de perturbar el statu quo, por lo que la incertidumbre sobre el impacto es un derivado constante. Y los gobiernos y las empresas sobre los que intentamos influir tienen pocos incentivos para siquiera reconocer nuestra existencia. Las luchas sociales son intrínsecamente asimétricas porque las organizaciones dirigidas por las personas generalmente no tienen mucho poder institucional o legitimidad. Compensamos al pensar juntos, revisar nuestros objetivos, volver a ver a quién nos enfrentamos realmente (¿hablamos con la persona adecuada o tenemos que ir más arriba en la cadena de mando o detrás del telón donde está el verdadero poder?), y debatir sobre las debilidades y vulnerabilidades de nuestros oponentes y de nosotros mismos.

Si queremos ganar el cambio social contra enemigos determinados, debemos hacer que la estrategia sea una parte constante de nuestras organizaciones y movimientos e incluir tanta gente como sea humanamente posible. La estrategia, para citar Marshall Ganz, es "cómo convertimos lo que tenemos en lo que necesitamos para obtener lo que queremos"[102]. Es el gran contrapeso a la autoridad. Es la forma en que prevalecemos, incluso cuando pensamos que no tenemos opciones y cómo traducimos las luchas locales en movimientos más grandes. Aquí hay cuatro elementos de estrategia: actuar y ajustarse, dar forma al campo de juego, cambiar las reglas y maximizar su influencia, que se pueden usar para aumentar nuestro poder al enfrentar oponentes con recursos suficientes y trabajar para arrancar las raíces de injusticia racial y económica.

Actuar Y Ajustar

Crear cambios requiere estar dispuesto a actuar a pesar de la incertidumbre y luego ajustar tu estrategia en función de cómo reaccionan tus oponentes, aliados y tu base. Crecí jugando al ajedrez de velocidad, que es un juego de ajedrez regular que usa un reloj que les da a los jugadores un tiempo fijo (y corto) para hacer sus jugadas. Al igual que el cambio social, el ajedrez implica sacar el máximo provecho de tu situación frente a un oponente determinado y, a menudo, astuto en condiciones impredecibles y cambiantes. Los jugadores de ajedrez experimentados generalmente comienzan los juegos al elegir una larga lista de posibles aperturas que han memorizado en base a miles de juegos anteriores. Sin embargo, muy rápidamente, dejas el patrón de movimientos predecibles y te encuentras en un terreno desconocido. La forma más directa de jugar es observar las amenazas que enfrentas y las oportunidades que puedes tener. Razonas lo que sucede si haces equis cosa: "¿Qué podría hacer mi oponente en respuesta? Y entonces, ¿qué podría hacer yo?

Este tipo de evaluación de acciones y reacciones, también, es importante para ganar un cambio social. Como dijo Ganz, "la estrategia es un verbo, algo que haces, no algo que tienes"[103]. Debemos reajustar constantemente nuestra estrategia basada en nueva información. Aprendemos acerca de nuestro oponente (incluso si realmente son nuestros oponentes o si solo sustituyen a alguien con quien deberíamos negociar) por cómo reaccionan ante nosotros. Actuar de una manera que es sorprendente o inesperada generalmente nos ayuda. A menudo, la respuesta de nuestros oponentes, o la respuesta excesiva, termina alimentando nuestra organización. Eso es lo que sucedió en la reacción de la policía contra los trabajadores de saneamiento de Memphis; la decisión de cortar la asistencia alimentaria en respuesta a la campaña de derechos electorales de Greenville; y en Faraón al forzar a los israelitas a hacer ladrillos sin paja en la historia del Éxodo.

Al igual que en un juego de ajedrez, es útil pensar en las campañas desplegándose en fases, fragmentando las campañas en pedazos, estableciendo objetivos claros para cada fase y dejando a un lado el tiempo entre las fases para hacer una pausa y evaluar lo que hemos aprendido. Por ejemplo, en una primera fase, el objetivo de nuestra conversación con los responsables de la toma de decisiones podría ser simplemente para entrar en el campo de juego, para presentar a nuestra organización como un actor político con una agenda. Al final de esta primera fase, tenemos que detenernos y reflexionar sobre lo que aprendimos sobre nosotros mismos, cómo trabajamos juntos bajo la dirección, qué apoyo recibimos y cómo respondió la estructura de poder. Una segunda fase podría ser ganar el apoyo de poderosos aliados y funcionarios que estén dispuestos a defender nuestra propuesta. Pero el contenido de esta fase y los que siguen fluirán siempre de las reacciones que recibamos a nuestras acciones.

En la campaña que efectuamos para salvar el programa de autismo de mi hijo, pasamos las primeras semanas consolidándonos como grupo. Reclutamos padres de otras escuelas. Descubrimos cómo funcionaban las cosas en nuestro condado y nos educamos a nosotros mismos y al distrito escolar sobre el programa de autismo. Presentamos la idea de que éramos un grupo organizado de padres de niños con autismo. Probamos quién en la junta escolar podría apoyarnos. El último miembro de la junta que conocimos fue la presidenta. Era el "día de llevar a tu hijo al trabajo", y mi hija, Natalia, había venido conmigo. No dijo nada en la reunión más allá de presentarse, pero se sentó en la cabecera de la mesa frente a la presidenta de la junta escolar, lo que agregó cierta responsabilidad en la sala. Nuestra primera fase de la campaña terminó efectivamente a mitad de esa reunión, cuando quedó claro que la presidenta de la junta no daba su brazo a torcer. Dijimos que nuestro siguiente paso sería hacer público el asunto y crear un gran problema con los recortes, pero no éramos una entidad conocida, por lo que la amenaza no cambió la conversación. Entónces, en lo que se convertiría en la segunda fase de nuestra campaña, simplificamos el mensaje. Esencialmente, dijimos: "Deja de molestar a los niños con autismo". Comenzamos a generar historias en los medios. Tuvimos una reunión, con el testimonio de los padres en los escalones de la oficina principal del distrito escolar. Nuestra decisión de hacerlo público nos ayudó a ganar al final, pero en ese momento generó mucha tensión en el distrito escolar y en nuestro propio grupo. No estábamos seguros de que funcionaría. Esa es la naturaleza de estar en un ciclo de acción y reacción en el que debes asumir riesgos, adaptarte, aprender de las fallas y seguir avanzando.

Formar El Campo De Juego

En el ajedrez, incluso los jugadores fuertes pueden pensar solo en un número bastante pequeño de jugadas (de acción y reacción) por adelantado. Raramente ganas simplemente jugando las posibilidades. El flujo del juego es demasiado impredecible. Demasiadas variables existen. Y cada lado tiende a sobreestimar la fortaleza de su posición. La gente está dispuesta a esperar el uno al otro. Aquí es donde debes mirar el campo de juego en un nivel más conceptual. Debes descubrir cómo fortalecer tu posición. No se puede saber con certeza que mover una pieza en particular te llevará a ganar. Pero sabes que quieres controlar el centro del tablero. Quieres configurar tus piezas para que no estén escondidas. Ayuda a construir un muro de protección alrededor de tu rey. Quieres presionar los puntos más débiles de tu oponente. Todas estas acciones estratégicas, si las llevas a cabo antes de ser abrumado por tu oponente, te colocan en una posición de aprovechar las oportunidades que surgen a medida que avanza el juego.

Cambiar el mundo es muy diferente de ganar un juego de ajedrez. Pero la idea de una mente dividida, una parte se centró en ir de aquí para allá y la otra en la construcción de poder, es similar. Por ejemplo, la construcción de bases (capítulo 6) es uno de los pasos más importantes que podemos tomar para fortalecer nuestra posición al entrar en una lucha. Otra forma de aumentar nuestras posibilidades de ganar es encontrar aliados poderosos. A menudo, nos aliamos con organizaciones que reúnen personas similares a través de diferentes canales. Pero otras alianzas potenciales pueden estar más lejos. Podemos estar en desacuerdo con las partes de la comunidad de negocios sobre el salario mínimo u otros problemas, pero en la cuestión de la inversión en el transporte público o la ampliación de *Medicaid*, podríamos ser capaces de construir fuertes alianzas políticas con los empleadores. Nuestra oposición nunca es tan monolítica como pensamos, especialmente cuando también estamos dispuestos a jugar a la política agresivamente para construir alianzas en torno a objetivos compartidos. La cuestión de con quién relacionarse, cuándo aguantarnos y qué tipo de alianzas estratégicas y coaliciones debemos construir se encuentran entre las preguntas más importantes con las que la gente tiene que luchar cuando intentan hacer cambios.

La clave aquí es que todos están en el campo de juego, ya sea que lo sepan o no. Y todos se mueven y se pueden mover. Tenemos que trazar quién está con nosotros, quién está en el/la barrera, y quién se opone a los cambios que queremos lograr. (Puedes dibujar un campo de juego con dos lados y mostrar quién está en el campo y quién está en la barrera). Una buena campaña rastreará a los jugadores más poderosos del entorno semana a semana para ver cómo se mueven. ¿Conseguimos nuestro mayor apoyo para duplicar el problema mediante la celebración de un evento público? ¿Alguien indeciso dijo algo positivo por primera vez?[104] Presta mucha atención a los oponentes poderosos que se neutralizan. Por ejemplo, se han entablado una gran cantidad de conversaciones bipartidistas sobre la reforma del sistema de justicia penal para reducir el encarcelamiento, pero ha habido muy poco progreso para lograr el cambio debido a la feroz resistencia de los fiscales y alguaciles, que a menudo lideran la lucha contra la reforma. Entonces, cuando postulamos candidatos comprometidos a terminar con el encarcelamiento masivo en las contiendas locales de fiscales y alguaciles, no solo impugnamos estos puestos importantes, sino que también enviamos un mensaje a los funcionarios actuales de que existe un costo por poner presión para contratar más policías y construir más cárceles. Una vez más, vigilamos tanto la entrega de cambios y la configuración del terreno en el que luchamos.

Cambiar Las Reglas

Si bien no se pueden cambiar las reglas del ajedrez, eso no es cierto en la política. Las personas que sueñan con riqueza y poder infinitos, el puñado de personas y familias ricas que se han apoderado de estado tras estado y remodelaron el panorama político estadounidense, pasan día tras día jugando con las reglas. Ellos entienden que al controlar la agenda, y el proceso por el cual se toman las decisiones, se controla el resultado. Los hombres blancos con la paciencia y los recursos, literalmente, llevaron a cabo una campaña de cincuenta años para desmantelar la Ley de Derechos Electorales de 1965. Pusieron topes fiscales estatales que ataron el gasto estatal (en estados como California y Colorado). Diseñaron constituciones estatales que les quitaban el poder a las comunidades locales para aumentar los salarios o regular las empresas. Todos estos son ejemplos de reglas que orientan el juego contra las personas que trabajan.

Esta es la razón por la cual los hermanos Koch son un problema para la humanidad. Elimina las capas de organizaciones, racionalizaciones y cambios de imagen, y puedes ver su ambición de amasar más riqueza de la que nadie podría contar en su vida al eliminar tanto combustible fósil de la tierra con la menor interferencia posible. Aquellos que extraen petróleo, gas, oro, estaño, cobre y otros recursos valiosos de la tierra, y los políticos que los apoyan, son los peores. Su lógica es extraer lo más que puedan lo más rápido posible, dejando a la sociedad a la cuenta del daño a los humanos y al planeta. No es por accidente que Nuevo México cuenta con una legislatura voluntaria o que la legislatura de Nevada se reúna solamente cuatro meses cada dos años. Las empresas mineras efectivamente escribieron las constituciones en estos estados ricos en minerales. No hay necesidad de legislar mucho, redactar reglas, gravar o gastar en educación si su objetivo es extraer cosas de la tierra de la forma más económica posible.

Sin embargo, siempre podemos encontrar grietas en la carcasa que rodean los sueños de los más ricos y poderosos. Las élites manipulan el sistema porque se enfrentan a la idea política más grande que los humanos han creado: las normas sobre la toma de decisiones democráticas. Les debemos a los antiguos griegos gratitud por su imperfecta experimentación con el autogobierno. Dejaron a muchas personas afuera, pero frente a la oposición implacable de las élites (incluidas personas veneradas en el pensamiento occidental, como Platón y Sócrates), crearon un conjunto de expectativas y prácticas que valoran las voces y vidas de las personas. Los griegos entendieron que las personas adineradas harían todo lo posible para quitarle el poder a la gente. Una forma en que los griegos intentaron contrarrestar esta tendencia fue a través de un proceso llamado *ostracoforia* ("ostracismo"). Si 5,000 personas votaron para mantener una *ostracoforia*, entonces se convocaba a las personas, se les daba pequeños discos redondos de barro y se les pedía que borraran el nombre de la persona de la comunidad que pensaban que debería verse obligado a irse por diez años. El objetivo era eliminar las amenazas a la democracia. En Atenas, al pie de la colina de la Acrópolis en el Museo de la Antigua Ágora, uno puede ver los nombres de antiguos equivalentes a los hermanos Koch rayados en discos de arcilla. La necesidad de proteger a la democracia de ser capturada por los ricos puede ser extrema hoy, pero no es nueva. Viene con el territorio.

En nuestro tiempo, nos enfrentamos a una sociedad cada vez más oligárquica, donde los ricos establecen los términos del debate. En los Estados Unidos durante los últimos cuarenta años, el movimiento conservador, financiado por las corporaciones más grandes del mundo, ha desregulado sistemáticamente el gasto político, haciendo posible que personas ricas e intereses especiales gasten cantidades de dinero prácticamente ilimitadas para influir en el resultado de elecciones y debates legislativos. Los conservadores y los intereses corporativos han manipulado la redistribución de distritos en los estados para tomar el control de docenas de cámaras legislativas estatales e hicieron más difícil la votación para los pobres, discapacitados, ancianos y personas de color a través de las leyes de identificación de votantes y la manipulación de los procedimientos de votación.

Para ganar en la política, las organizaciones lideradas por personas, también, deben enfocarse en cambiar las reglas, hacer que la toma de decisiones sea más transparente e inclusiva y que nuestras comunidades sean más poderosas. A medida que luchamos por salarios más altos y el fin de la brutalidad policial, también debemos trabajar para que nuestra democracia sea más representativa. Podemos hacer esto eliminando las barreras para votar (como ganar el registro de votantes el mismo día y hacer que el día de las elecciones sea festivo) y eliminar las políticas que protegen a unos cuantos a expensas de muchos, como los requisitos de mayoría para las medidas de gasto. Necesitamos leyes de financiación de campañas que aumenten el poder de los pequeños donantes. Por ejemplo, bajo un programa aprobado por los votantes en Seattle, todos los votantes registrados reciben cuatro cupones de $25, que luego pueden donar a campañas políticas que aceptan cumplir con los límites de gastos. Las reglas sobre las reglas siempre están en juego, y nuestra misión debe incluir tanto exponerlas como hacerlas más democráticas.

Una forma práctica de institucionalizar este pensamiento en nuestras organizaciones es incluir tres preguntas en cualquier reunión de estrategia:

1. ¿Cómo contribuirá esta lucha a brindar beneficios tangibles a nuestra base?

2. ¿Qué demandas podemos hacer para aumentar nuestro poder?

3. ¿Cuál es la historia que estamos contando que motiva a las personas a verse a sí mismas como parte de nuestro trabajo y que crea apoyo público para nuestra agenda?

Debemos hacer demandas que aborden el mayor dolor que experimentan las personas y hacer que los gobiernos sean más receptivos a las personas que el dinero, de modo que podamos lograr cambios mayores en el futuro.

Maximizar El Apalancamiento

En su libro Autoridad desafiante: cómo la gente común cambia a Estados Unidos (*Challenging Authority: How Ordinary People Change America*), Francis Fox Piven sostiene que las organizaciones sociales y los movimientos no necesariamente pueden controlar o dirigir la política en los Estados Unidos, pero pueden crear momentos de interrupción que obligan a las élites a responder[105]. Eso sucede cuando las personas se retiran de la participación diaria en estructuras de desigualdad y opresión a través de boicots, huelgas y protestas masivas. Interrumpen el statu quo y crean divisiones dentro de las coaliciones de las que dependen los partidos políticos.

El mejor ejemplo de este proceso en la historia estadounidense fue el movimiento de abolición, que ayudó a provocar una guerra civil que condujo al fin de la esclavitud, a pesar de que ninguno de los principales partidos políticos tenía un gran interés en liberar esclavos de la esclavitud. Piven muestra cómo los partidos Demócrata y Republicano en los años previos a la Guerra Civil fueron de múltiples secciones, es decir, tenían distritos electorales tanto en el Sur como en el Norte. Los abolicionistas forzaron a las principales confesiones religiosas de los Estados Unidos a tomar posiciones claras sobre la moralidad de la esclavitud, polarizando al público, particularmente en el Norte y el Oeste sobre el tema. Mediante la organización de organizaciones locales antiesclavistas y el cabildeo en el Congreso, pusieron el tema de la esclavitud en el centro de la política de Estados Unidos. Las revueltas de esclavos y el ferrocarril clandestino agregaron más leña al fuego. Los abolicionistas provocaron las condiciones que llevaron a los sureños a abandonar el Partido Republicano y los norteños para abandonar el Partido Demócrata. Los líderes de ambos partidos habrían preferido permanecer neutrales respecto de la esclavitud para preservar sus intereses económicos y mantener unidas las coaliciones políticas que abarcaban el Norte y el Sur. Pero la movilización de los negros libres, el clero, las personas religiosas y los esclavos mismos crearon fervor y controversia que hicieron insostenible el statu quo.

Desde Ferguson, hemos visto un ejemplo contemporáneo que apunta al tipo de interrupción necesaria para remodelar la política estadounidense. Los jóvenes que salieron a la calle en Ferguson no influyeron en la política estadounidense al construir una nueva coalición electoral. Lo hicieron creando una enorme incomodidad, comenzando en Ferguson, luego a lo largo de Saint Louis, y extendiéndose por todo el país. Hicieron más difícil para los demócratas y los progresistas dar por sentado que los votantes negros presionaron públicamente a los funcionarios electos, sindicatos, denominaciones religiosas y organizaciones de justicia social para tomar posiciones más claras contra el abuso policial y el encarcelamiento masivo. Al presionar a Bernie Sanders y Hillary Clinton, los activistas de *Black Lives Matter* hicieron más difícil que otros candidatos del Partido Demócrata y funcionarios electos apoyaran políticas duras contra el crimen. Esto es similar a lo que los abolicionistas le hicieron al Partido Republicano en los años previos al enfrentamiento de la Guerra Civil para traer claridad moral al debate político y purificar al partido. Así es como un grupo de personas comprometidas e implacables que no parecen tener un gran acceso o influencia política usa su influencia para obligar a las élites a tomar decisiones que de otro modo no tomarían.

Cambiar El Equilibrio Del Poder

Estos cuatro principios de estrategia están estrechamente relacionados y se refuerzan mutuamente. Ver las reacciones a nuestras acciones es cómo nos damos una idea del poder que enfrentamos. Dar forma al campo de juego es cómo probamos e incrementamos nuestra influencia. Cambiar las reglas es cómo hacemos que el juego se adapte a nuestras fortalezas. Y maximizar nuestra influencia es cómo utilizamos la debilidad de nuestros oponentes (tanto su dependencia de nosotros como sus divisiones internas) para aumentar nuestro poder. Estos principios se suman a una orientación centrada en encontrar todas las oportunidades posibles para cambiar el equilibrio de poder en la sociedad hacia la gente común.

No hay una respuesta simple a cómo transformamos un mundo en llamas. Requiere construir muchas organizaciones donde las personas interactúen directamente con los que toman las decisiones y regularmente hablen y evalúen la estrategia. Si bien tenemos mucho de qué quejarnos y más que suficientes amenazas para mantenernos despiertos por la noche, tenemos control sobre el tipo de organizaciones que creamos, las luchas que elegimos y las estrategias que adoptamos. Debemos cambiar nuestra mirada de lo que otras personas hacen mal y hacia cómo usamos los recursos y las relaciones que tenemos para obtener lo que necesitamos. Tenemos poder si elegimos usarlo. Las instituciones y sistemas que más debemos cambiar dependen de nuestra complicidad a comprar sus productos, votar por sus candidatos, presentarnos a trabajar, y seguir las reglas. Los arreglos de opresión eventualmente se reducen a una crítica moral fulminante, junto con acciones directas dirigidas por personas estratégicas, creativas e implacables. El camino hacia el cambio no es predecible. Puede sentirse que el sistema no se está moviendo y que nunca cambiará. Pero, al igual que con una tapa atascada en un frasco, lo que importa no es qué tan duro la giremos, sino cuánto tiempo mantenemos la presión.

CONCLUSIÓN: ¿Y AHORA QUÉ?

¿Qué harás cuando cierres este libro? Muchos lectores ya están involucrados en los esfuerzos de cambio. Las conversaciones en *¡Levántate!* deberían ayudarte a profundizar tu compromiso. En un mundo en llamas, todos debemos profundizar, no necesariamente trabajar más horas, sino abrir nuestros corazones más ampliamente, ser más honestos con los demás y con nosotros mismos, y asumir mayores riesgos. Espero especialmente que el libro te ayude a encontrar maneras de hacer más para desmantelar el racismo y otras formas de jerarquía humana como parte de cualquier trabajo de justicia social en el que estés involucrado.

Cada una de las cinco conversaciones en el libro tiene como fin hacernos mejores líderes, más conscientes de nuestras emociones (propósito), más claros sobre las experiencias y valores que impulsan nuestras elecciones (historia), capaces de construir relaciones más cercanas a través de la diferencia (equipo), más poderosos en el mundo (base), y más valientes y efectivos para enfrentar la opresión (poder). Estos son hábitos del corazón. Nos ayudan a ser mejores personas con mayor conocimiento y conciencia en el mundo. Sin embargo, las conversaciones y las prácticas que surgen de ellos no son soluciones mágicas; que ya conocemos por instinto, pero no siempre lo hacemos bajo estrés. Es por eso que deben practicarse y repetirse (lavar, enjuagar, repetir) para que se conviertan en lo que somos y lo que otras personas esperan de nosotros.

Si tienes la capacidad de influir en cómo operan las organizaciones de las que formas parte (algo que todos podemos hacer de una forma u otra), entonces espero que puedas convertir estas conversaciones en rituales (mediante la repetición) y que estos rituales se conviertan en parte de tu cultura organizacional. Por ejemplo, puedes incluir la reflexión y la evaluación al final de cualquier actividad importante que realices o puedes crear una comunidad de manera intencional pidiéndoles a las personas que compartan sus historias entre sí. Necesitamos más organizaciones que sean humanas, con conciencia racial y abiertas, que reconozcan a las personas como el recurso más valioso para cambiar a la sociedad y otorguen a sus miembros verdaderos roles de toma de decisiones. Las organizaciones que hacen esto son más propensas a desarrollar la capacidad estratégica (lo que se abarca en el capítulo 7) para adaptarse a la cara de conflicto e incertidumbre. Y al crear en nuestras organizaciones una porción del mundo en el que trabajamos para hacer realidad, hacemos que la participación sea más atractiva y valiosa para las personas. Nuestras organizaciones se convierten en hogares espirituales para las personas que buscan sentirse y actuar de forma más humana.

Si formas parte de una organización que te trata como un medio para otro fin, que te pide hacer pequeñas tareas sin involucrarte en la estrategia, que no toca tu alma, entonces debes cambiar la cultura de la organización o buscar o crear otro hogar para tu trabajo de cambio social. Una prueba simple es si estás en un equipo real que se reúne regularmente. ¡Sé sincero! Aquí hay otras medidas: ¿Estás aprendiendo algo nuevo sobre ti? ¿Estás teniendo experiencias que aprovechan las emociones fuertes? ¿Estás trayendo gente nueva fuera de las líneas laterales y construyendo relaciones de alta confianza con ellos? Estas preguntas te ayudarán a descubrir si estás encaminado o no.

La triste realidad es que la mayoría de las organizaciones involucradas en el trabajo de la justicia social en los Estados Unidos no le piden demasiado a sus miembros o electores e incluso las organizaciones comprometidas con el desarrollo del liderazgo pueden tener dificultades para mantener a las personas involucradas y en crecimiento. Mantener las organizaciones de cambio social de cualquier tipo es difícil, especialmente cuando están lidiando con problemas difíciles y dependen del tiempo y dinero de la gente común. Las organizaciones a menudo se quedan sin energía, se convierten en grupitos asilados, son capturadas por su personal o se fracturan. Las organizaciones deben ser renovadas regularmente. A veces deben cerrarse por completo para que podamos comenzar de nuevo. Nunca tengas miedo de decir: "Reconstruyamos" o "Comencemos desde cero" o "Cambiemos nuestro enfoque dado cómo las cosas están cambiando a nuestro alrededor". El resultado casi siempre es mejor.

Si aún no has respondido al llamado a tu puerta (o lo escuchaste), si buscas una manera de conectarte, tal vez al salir del Internet y organizarte cara a cara, entonces debes encontrar o crear una organización que te pida lo suficiente para que valga la pena. Muy pocas organizaciones se estructuran en reuniones periódicas con grupos pequeños, y mucho menos en unir a las personas en cuanto a raza, clase, y otras diferencias; participar en campañas estratégicas; e invertir en el crecimiento y desarrollo de sus miembros.

Cuando mi hijo tenía trece años, tuvo que hacer un proyecto de servicio comunitario. Su primera opción fue ser voluntario en una organización que lucha contra el cambio climático. Resultó ser sorprendentemente difícil encontrar un capítulo de reunión regular de un grupo ambientalista en el norte de Virginia que en verdad se reuniera regularmente. Terminó como voluntario en un comedor público en Washington, D.C. Sí fue una experiencia valiosa. Hizo un trabajo útil y tuvo buenas conversaciones con la gente. Una cosa que me sorprendió fue que el comedor de beneficencia tenía una lista de espera para voluntarios, una señal de que hay más demanda entre las personas para contribuir que un suministro de oportunidades para hacerlo.

Creo que este desequilibrio entre la oferta y la demanda es aún más el caso de las posibilidades de ser parte de la organización diseñada para llegar a las causas fundamentales de la injusticia. Por lo tanto, debes ser realista sobre las opciones limitadas para unirte a organizaciones existentes. Establece una barra alta en cuanto a la forma en que inviertes tu tiempo, pero ten presente que deberás contribuir de tu liderazgo para influir la cultura de cualquier organización a la que te unas, si deseas formar parte de algo que sea importante y alimente tu espíritu. Y como dijo Bill McKibben sobre la comunidad, si no puedes encontrar una organización que satisfaga tus necesidades, crea una. Si haces eso, espero que el ejemplo de la campaña de autismo en el capítulo 1 y el marco de cinco conversaciones pueda ser una guía útil.

Uno de los cambios más prometedores que actualmente toma lugar en la organización comunitaria es que más personas están entrando a la política. Cada vez más líderes de base se deciden a correr para puestos políticos en juntas escolares, ayuntamientos, alcaldías, legislación estatal y el Congreso. El impulso para elegir fiscales y alguaciles comprometidos a terminar con el encarcelamiento masivo es especialmente emocionante. Las personas deberían considerar postularse para un cargo como uno de los muchos roles diferentes que pueden asumir como parte de la organización a la que pertenecen. Por cierto, si ganan, son responsables ante una base organizada de personas y pueden trabajar con esa base para avanzar juntos en el cambio de leyes.

Puede ser tu turno de lanzarte a la política. Después de todo, no podemos solo quejarnos de que el auto en el que estamos va camino a un precipicio; tenemos que estar dispuestos a abrir camino hasta el asiento delantero, tomar el volante y llevar a nuestras comunidades y nuestro país a un lugar mejor. Si eliges correr en la política y tienes una base organizada detrás de ti, entonces puedes usar los principios y las prácticas de *¡Levántate!* para diseñar tu campaña. Puedes reclutar grandes cantidades de voluntarios y organizarlos en equipos que tengan objetivos y roles claros; puedes agotar tus recursos hablando con personas cara a cara para escuchar sus preocupaciones en lugar de enviarles publicidad por correo u otros medios; puedes enfocarte en los votantes que otros candidatos y partidos descarta y le dan poca importancia; y puedes hablar de tu corazón a las esperanzas y los sueños de las personas, invitar a los votantes a una visión compartida de comunidad y propósito, en lugar de tratar de venderles una lista de problemas. ¡Incluso podrías convertirte en presidente usando este tipo de enfoque!

La parte más difícil de ponerse de pie e involucrarse hoy puede ser la experiencia de no saber si estamos progresando. Al igual que los mineros chilenos, con cuya historia comenzamos, parece que estamos bajo tierra por un tiempo indeterminado sin la certeza de que seremos liberados. Puede llevar décadas de organización sostenida y estratégica para crear suficiente presión para el cambio social a gran escala. No tenemos tanto tiempo dadas las amenazas que enfrentan el planeta y nuestra sociedad. Los círculos viciosos en los que nos encontramos y los recursos y la voluntad de nuestros oponentes dificultan saber si las cosas van a seguir empeorando o si llegaremos a un punto de inflexión. Y a veces las victorias parecen grandes pasos hacia adelante, pero se convierten en espejismos. La noción de que "el arco del universo moral es largo, pero se inclina hacia la justicia" (acuñado por Theodore Parker, un ministro unitario del siglo XIX, y hecho famoso por Martin Luther King, Jr.) es una declaración de fe, no una descripción de cómo funciona la política.[106] El cambio social no tiene garantías, los períodos de progreso seguidos por reacción y retroceso pueden ser largos y arduos.

Sin embargo, de lo que sí tenemos control es lo que hacemos mientras tanto. A través de la organización, podemos crear un impacto en prácticamente cualquier problema que podamos identificar como una causa de dolor para las personas en nuestras vidas y comunidades. La organización funciona cuando se aplica con disciplina. Y los puestos electos en todos los niveles pueden llenarse con nuestros miembros si enfocamos nuestras energías en esos puestos y estamos dispuestos a respaldar a nuestras personas para llenarlos una y otra vez. Las victorias pequeñas y medianas no transforman todo, pero fortalecen nuestros músculos y nos dan una muestra de nuestro verdadero poder. Volviendo a Lawrence Goodwyn y los populistas, la organización de victorias construye en los líderes populares la "buena voluntad", el "alto nivel de autoestima política personal" que hace que las personas estén dispuestas a desafiar los acuerdos que dicen ser naturales e inmutables.[107]

Cuando logramos ganar, todavía tenemos que decidir qué hacer a continuación; y esto es a menudo más difícil de lo que parece. El Defecto Utópico (discutido al final del capítulo 3) es el deslizamiento en nuestra conciencia que nos hace pensar que si solo podemos lograr este cambio todo lo demás estará bien. No lo hará. Nuestro desafío es encontrar la voluntad de seguir adelante. En su libro corto *El Chapuzón* (The Dip), Seth Godin establece un marco para decidir si estás en el camino correcto en tu trabajo o tu vida. Se aplica bien al cambio social. Él dice que debes preguntarte si lo que haces actualmente es algo que crees que te hará muy feliz y que eventualmente serás el mejor. Si no estás seguro de que puedes responder sí a ambas preguntas, entonces renuncia. Pero si estás seguro, continúa, teniendo presente que tendrás que atravesar un largo y difícil período de duda y probablemente el fracaso, el chapuzón, para alcanzar la grandeza.[108] Organizarse para el cambio requiere ese tipo de determinación para dar frutos.

El verdadero valor de las conversaciones y prácticas en *¡Levántate!* puede ser que nos ayuden a permanecer humanos en medio de la oscuridad y la incertidumbre. Nos dan la fuerza no solo para seguir luchando sino para cuidarnos unos a otros. Como aprendieron los mineros chilenos, la supervivencia bajo estrés depende de nuestra capacidad de vernos como hermanos. En tiempos de problemas, necesitamos resistir la tentación de atacarnos unos a otros. Si podemos hacer eso ante el odio, el abuso y la confusión, si nos negamos a perder la esperanza y continuamos experimentando con nuestros recursos, entonces tenemos la oportunidad de llegar a una tierra prometida. Como escribió Ibram Kendi en el epílogo de *Estampado desde el principio:* "Llegará un momento en que amaremos a la humanidad, cuando tengamos el valor de luchar por una sociedad equitativa para nuestra amada humanidad, sabiendo, inteligentemente, que cuando luchamos para la humanidad, estamos luchando por nosotros mismos. Llegará el momento. Tal vez, solo tal vez, ese momento es ahora".[109]

AGRADECIMIENTOS

El marco de cinco conversaciones en *¡Levántate!* se originó en una sesión que dirigí en 2014 durante una capacitación de liderazgo de seis días de la Red Nacional PICO (ahora llamada *Faith in Action*) en Los Altos, California. Durante los primeros días de la capacitación, mis colegas instruyeron a un centenar de líderes de base de todo el país mediante una serie de actividades poderosas y enseñanzas sobre la raza, la fe, el poder, y el cambio social. Desafiaron a los participantes a verse a sí mismos y al mundo de manera diferente. Mientras observaba, me preguntaba qué harían cuando llegaran a casa. Así que pedí unas pocas horas un domingo por la mañana para profundizar sobre cómo las personas podían aplicar lo que aprendieron para transformar sus vidas y comunidades. Ese deseo de hacer que la sabiduría organizativa sea lo más práctica y útil posible fue el génesis del marco en el libro y ha sido mi estrella polar.

No debería ser una sorpresa, entonces, que tanto de lo que hay en *¡Levántate!* refleja las ideas y la creatividad de mis colegas en *Faith in Action* Durante los últimos doce años, he tenido la bendición de trabajar junto a algunos de los mejores organizadores comunitarios en los Estados Unidos. P. John Baumann fundó *Faith in Action* (en un principio el *Oakland Training Center*, luego el *Pacific Institute for Community Organization*, y eventualmente *People Improving Communities through Organizing*) en 1972. Su fidelidad y disciplina anclaron la red en un compromiso de tratar a las personas como fines y no como medios. Ese enfoque en las personas y su desarrollo junto con la voluntad de adaptarse y colaborar explica el tremendo crecimiento de *Faith in Action* durante la última década. Nuestra red se ha convertido en una fuente de fortaleza y esperanza para muchas personas y comunidades trabajadoras en todo el condado. *Faith in Action* es ahora la red de organización de fe más grande en los Estados Unidos con cuarenta y cinco grupos comunitarios de base en doscientas ciudades y pueblos en veintidós estados, con una membresía de tres mil instituciones religiosas y 2.5 millones de personas, así como un trabajo en crecimiento en Ruanda, América Central, y Haití. En 2017, PICO se renombró a si misma *Faith in Action* para reflejar mejor su propósito y trabajo.

Muchos de mis colegas de *Faith in Action* influyeron en las ideas y prácticas que se discutieron en *¡Levántate!* Entre estos se incluyen Onleilove Alston, Juard Barnes, Lydia Bean, Risa Brown, Eddie Carmona, Denise Collazo, Jennifer Farmer, Joe Fleming, Rev. Jane Gould, Stephanie Gut, Rev. Alvin Herring, Phyllis Hill, Deth Im, Rev. Troy Jackson, Jim Keddy, Adam Kruggel, Wes Lathrop, Tim Lilienthal, Rev. Michael-Ray Mathews, Andrea Marta, Lorena Melgarejo, Joseph McKellar, Kirk Noden, Kristee Paschall, Scott Reed, Edwin Robinson, Bishop Dwayne Royster, Daniel Schwartz, Sarah Silva, Ron Snyder, Monica Somerville, Shoshanna Spector, Lauren Spokane, Liz Sullivan, Ron White, Rich Wood, Felicia Yoda y Alia Zaki Ludwig. Un agradecimiento especial a Doran Schrantz por sus ideas sobre el proceso que las personas atraviesan para convertirse en agentes de cambio y construir una base; a Joy Cushman por tantos conceptos, incluido el marco de equipos, roles, objetivos, la pirámide del cambio social y el campo de juego; y al reverendo Michael McBride por agitarme en torno a la raza y la necesidad de dejar ir a las vacas sagradas alrededor de quién y cómo nos organizamos. Gracias a Tamisha Walker por su organización con *Safe Return Project* en Richmond,

California, descrita en el capítulo 7. Gracias, Lise Afoy y todos mis colegas, por ayudarme a crear el espacio para escribir.

También me complace ser parte de una gran comunidad de organizadores que prueban nuevas y creativas formas de transformar la sociedad estadounidense para que cumpla con sus valores establecidos. Estoy especialmente agradecido con mis colegas en *Advancement Project, Center for Popular Democracy, Center for Responsible Lending, Center on Budget Policy and Priorities, Community Catalyst,* Movimiento Cosecha, Demos, *Faith in Public Life, National Domestic Workers Alliance, National Employment Law Center, People's Action, Religious Action Center of Reform Judaism, SEIU, Sojourners, United We Dream, Wellstone Action,* y *Working Families Party* por su apoyo y asociación a lo largo de los años.

Gracias a Jeremy Nowak por encontrarme mi primer trabajo en organización, a Jill Michaels por contratarme, a Rudy Tolbert por tomarme bajo su protección y a Patrick Bond por enseñarme a desglosar bancos. Como digo en el prólogo, aprendí algunas de las lecciones más importantes sobre la organización cuando viví en Chile en la década de los 90 con mi esposa Julia. Gracias a nuestros *compañeros* en Grupo de salud poblacional Llareta y Educación popular en salud (EPES), incluyendo Karen Anderson, Valeria García, Sonia García, Iván Burgos, Mónica Janet Pérez, Mónica Maldonado y Eladio Recabarran, y a Juan Carrera por enseñarme español e inculcarme un compromiso de por vida para construir nuevas organizaciones.

Los organizadores aprenden a organizarse de los líderes con los que trabajan. Estoy especialmente agradecido con todos los que me acompañaron durante mis años de aprendizaje para organizar en Filadelfia, incluyendo a Angelina Rivera, Rosie Mateo y Marta Aviles a quienes conocí a través de *Sheppard Parents Association* (la organización matriz en Filadelfia descrita en el capítulo 3), Ortencia Cortez-Santiago, Linda Haley, Dolores Shaw, y Sam y Phyllis Santiago, así como mis amigos y colegas de Filadelfia Rochelle Nichols Solomon, Len Rieser, Debby Freedman, David Wycoff, Vincent Louis, Ann Farnsworth-Alvear y Rui DaSilva. Durante el tiempo que pasé como organizador en Flint, Michigan, agradezco a Rick Carter, Rev. David Kennedy, Rev. David Carl Olson, Fr. Tom Firestone, Rev. Ira Edwards, Rev. Claudia Hollingsworth, Fr. Marty Fields, Fr. Phil Gallagher, Dr. Lawrence Reynolds, Jim Rouse, Hermana Joanne Fedewa y Oscar Barnett. La lista de líderes y cleros con los que he tenido la bendición de trabajar mediante *Faith in Action* es larga. Agradecimiento especial a Paula Arceneaux, Paty Madueno, Rev. Heyward Wiggins, Rev. Cory Sparks, Dr. George Cummings, el diácono Allen Stevens, Sharon Bridgeforth, Susan Molina, Gloria Cooper, Rev. Jesús Nieto, Howard Lawrence y Christy Figueroa.

He tenido muchos maestros y mentores como organizador. Aunque nos hemos separado, las lecciones que Steve Honeyman me enseñó acerca de la organización están en casi todas las páginas de este libro y me guían todos los días, no solo los principios y técnicas, sino también el ritmo y la orientación. Estoy agradecido de haber podido trabajar para y con Gary Rodwell, un talentoso organizador de *Industrial Areas Foundation.* Agradezco a Lew Finfer por su obstinado compromiso con la organización comunitaria y la larga inversión en mi desarrollo. Gracias a Scott Reed por invertir en mi liderazgo y a Denise Collazo por ser una socia constante. Y a Joe Givens por entrenarme al crear *Flint Area Congregations Together* y por enseñarme a ser un consultor político de las comunidades de fe.

Como saben mis amigos y colegas, soy un judío con un lugar especial en mi corazón para la Iglesia Católica. Le agradezco a Peter Cicchino por aprovechar su entrenamiento jesuita para darme el valor de tomar mi primer trabajo como organizador basado en la fe; El Obispo Edward Deliman y la Hermana Dolores Egner, SSJ, por enseñarme pacientemente acerca del Catolicismo y su compromiso con la familia y la comunidad durante mis años trabajando desde *Visitation,* la parroquia de BVM en el vecindario de Kensington en Filadelfia; P. John Baumann por exponerme al pensamiento y la forma de ser de los jesuitas; John Carr, Kathie Saile, Ralph McCloud, Randy Keesler y otros que han sido grandes socios en la lucha contra la pobreza y la injusticia durante su tiempo trabajando en la Conferencia de Obispos Católicos de los EE. UU.; y mis colegas Joe Fleming, Stephanie Gut, Tim Lilienthal, Lorena Melgarejo, Joseph McKellar, Gaby Trejo y otros por dejarme llevar en un viaje increíble para realizar la promesa de la Doctrina Social Católica. Ha sido un honor conocer y trabajar con el Cardenal Peter Turkson, el Padre. Michael Czerny, Juan Grabois y otros del Vaticano como parte del proceso de la Reunión Mundial de Movimientos Populares. Y, por supuesto, gracias al Papa Francisco por mostrarle al mundo una forma de vivir en un futuro mejor y diferente que valora la dignidad inherente de cada persona.

Las personas que han influido profundamente en mi pensamiento y cuyas ideas se mezclan en este libro incluyen a Jeff Brenner, Joy Cusham, Michelle Fine, Michael Katz, Marshall Ganz, Hahrie Han, Charles Payne, John Powell, Stephen G. Ray Jr. y Carlos Saavedra Díaz. Gracias a mis rabinos socialmente amantes de la justicia, Aaron Alexander y Lauren Holtzblatt, que me han ayudado a profundizar mi conexión con el judaísmo, y al rabino Jonah Pesner por su colaboración y apoyo. Agradezco a Ksenia Ovsyannikova por su amistad y sabiduría.

Encontré la motivación para escribir *¡Levántate!* –y describí por primera vez el libro– durante mi participación en el *Rockwood Leadership Institute* en 2013 - 14. Gracias a Robert Gass, Yeshi Neumann y Shiree Teng y a los miembros de mi cohorte, Lindsey Allen, Sulma Arias, Lawrence Benito, Stacy Bohlen, Juan Cartagena, Andrew Friedman, Ben Goldfarb, Steve Hawkins, Rachel Laforest, Valerie Long, Heather McGhee, Andrea Cristina Mercado, Amy Morris, Navin Nayak, Deepak Pateriya, Will Pittz, Justine Sarver, Evelyn Shen, Shauna Thomas, Cristina Tzintzún, Naomi Walker, Dennis Williams y Luna Yasui por crear un espacio notable (y continuo) para mí inspiración y evolución.

Cuando comencé a escribir este libro, tenía muy poca idea sobre cómo funcionaba el proceso de publicación. Agradezco los consejos que recibí de Steve Phillips y Susan Sandler, Jennifer Farmer, Ai-jen Poo, Jim Wallis, Anna El-Eini y Norton Paley acerca de cómo terminar y publicar *¡Levántate!* Jane Friedman me dio consejos tempranos para escribir una propuesta del libro. Tuve la gran fortuna de encontrar a Lisa Adams, quien, como mi agente, me ha guiado a través de cada paso del proceso de creación de este libro con sabiduría e integridad. Aprecio su confianza en el libro y en mí y su éxito al encontrar la imprenta correcta. Un aspecto positivo de las elecciones de 2016 fue el fuerte interés de Berrett-Koehler en publicar un libro que hablara sobre lo que ocurría en el momento. No puedo imaginar un mejor ajuste que un editor cuya misión es, literalmente, "conectar personas e ideas para crear un mundo que funcione para todos", la misión misma de *¡Levántate!* Neal Maillet, mi editor, me ha brindado comentarios reflexivos y respetuosos que me guiaron mientras reescribía el manuscrito. Aprecio la energía que todo el personal de Berrett-Koehler ha puesto en *¡Levántate!* y su compromiso de llevar el libro a manos de los lectores.

Una cantidad sorprendentemente grande de personas leyeron borradores de este libro y dieron su opinión. Gracias a Hahrie Han, a Troy Jackson, a Denise Collazo, a Monica Somerville, a Jim Keddy, a Jean Ross, a Ellyn Kerr, a Don Schatz, a Rob Ellman y a Robert Gordon por sus excelentes comentarios y ediciones sugeridas que han fortalecido el libro. Muchas personas también participaron en ayudar a titular el libro, gracias al compromiso de Berrett-Koehler con la sabiduría colectiva y las suposiciones de prueba.

Gracias a José M. Vejarano por su traducción experta de ¡Levántate! al español, a Kali Browne por diseñar el libro en español, y a California Endowment.

Agradezco a la Fundación Skadden, dirigida por la notable Susan Butler Plum, por proporcionarme una Beca de Incubadora Flom para apoyar la redacción de este libro y a *Faith in Action* por un año sabático en 2015, que me dio la oportunidad de ver el mundo y escribir mi primer borrador.

Como digo en el prólogo, mis padres, Sylvia y Lewis Whitman, me iniciaron en un camino de justicia. Les agradezco a ellos y a mis hermanos, James y Bradley Whitman, por sus valores y apoyo.

No puedo agradecer lo suficiente a Julia Paley por su feroz compromiso con la justicia, el compañerismo y el amor, y por el apoyo inquebrantable que ha brindado a lo largo de mi vida como organizadora durante muchos años. Hemos compartido muchas de las historias en el libro, y no podría haber aprendido lo que conozco y convertirme en la persona que soy sin ella. Ella ha sido la mejor editora, fuente de buena información, y proveedora de aliento constante. Escribí el primer borrador de *¡Levántate!* mientras vivíamos en Cochabamba, Bolivia, con nuestros hijos, Isaiah y Natalia, quienes han sido fuente de ideas e inspiración para mucho de lo que escribí en el libro y lo que he hecho en el mundo. Espero que el libro pueda ser una fuente de inspiración para ti con vidas de propósito y alegría.

SOBRE EL AUTOR

Gordon Whitman ha trabajado como organizador comunitario y estratega y coach de cambio social durante los últimos veinticinco años. Primero aprendió a organizarse en Santiago de Chile y ayudó a fundar grupos organizados de base exitosos en Filadelfia, Pennsylvania y Flint, Michigan. Como subdirector de *Faith in Action* (anteriormente La red nacional PICO), la red de organización comunitaria basada en la fe más grande de los Estados Unidos, ha entrenado a cientos de organizadores, cleros, y líderes de base. Ha sido responsable del programa de expansión de *Faith in Action*, que ha ayudado a las personas de fe y al clero a crear algunos de los nuevos grupos organizadores de comunidades multirraciales más efectivos en los Estados Unidos durante la última década. En 2008, Gordon abrió una oficina nacional de políticas para *Faith in Action* en Washington, DC, y ha dirigido campañas nacionales de organización sobre la cobertura de salud infantil, la reforma nacional de salud y la suspensión de ejecuciones hipotecarias. Antes de convertirse en organizador, trabajó como abogado de servicios legales y de derechos civiles en Filadelfia. Gordon también ha sido el director asociado de *Temple University Center for Public Policy*. Ha escrito docenas de informes de políticas y artículos sobre cambio social y regularmente publica blogs en *Huff Post*. Tiene una licenciatura en derecho de la Facultad de Derecho de Harvard y una licenciatura de la Universidad de Pennsylvania en historia y estudios urbanos. Cuando Gordon no se está organizando, puedes encontrarlo en el desierto.

NOTAS

[1] Papa Francisco, *"Por qué el único futuro que vale la pena construir incluye a todos"* [Why the Only Future Worth Building Includes Everyone] filmado en abril de 2017, TED Talk, 17:52, publicado abril de 2017. https://www.ted.com/talks/pope_francis_why_the_only_future_worth_building_includes_everyone?language=en.

[2] Héctor Tobar, *Profundo en la oscuridad: Las historias no contadas de 33 hombres enterrados vivos en una mina chilena, y el milagro que los liberó* [Deep Down Dark: The Untold Stories of 33 Men Buried Alive in a Chilean Mine, and the Miracle That Set Them Free] (New York: Farrar, Straus y Giroux, 2014), 58.

[3] Papa Francisco, *Laudato Si*, 41.

[4] Martin Luther King, Jr., *Fuerza para amar* [Strength to Love, spec. ed.] (Minneapolis: Fortress Press, 2010), 58.

[5] Amy Sonnie y James Tracey, *Nacionalistas hillbilly, rebeldes de la carrera urbana, y el poder de los negros: Organización comunitaria en tiempos radicales* [Hillbilly Nationalists, Urban Race Rebels, and Black Power: Community Organizing in Radical Times] (New York: Melville House, 2011) 26-27.

[6] Olga Khazan, *"¿Por qué tantos estadounidenses mueren jóvenes?"* [Why Are So Many Americans Dying Young?] Atlantic, 13 de diciembre de 2016.

[7] Charles Payne, *Tengo la luz de la libertad: la tradición organizadora y la lucha por la libertad de Mississippi* [I've Got the Light of Freedom: The Organizing Tradition and the Mississippi Freedom Struggle] (Berkeley: University of California Press, 1995), 93.

[8] Kerry Patterson, Joseph Grenny, Ron McMillan, y Al Switzler. *Conversaciones cruciales: herramientas para hablar cuando hay mucho en juego* [Crucial Conversations: Tools for Talking When Stakes Are High] 2da ed. (New York: McGraw-Hill, 2011).

[9] Brian D. Christens, *Consejos para construir una amplia base de voluntarios comprometidos y empoderados* [Tips on Building a

Broad Base of Engaged and Empowered Volunteers] Center for Nonprofits, University of Wisconsin-Madison, Otoño de 2011, https://sohe.wisc.edu/wordpress/wp-content/uploads/ChristensBuildingaBaseofEngagedEmpoweredVolunteers.pdf

[10] Gracias a Joy Cushman por este marco.

[11] Douglas S. Massey, Categóricamente desigual: El sistema de estratificación estadounidense [Categorically Unequal: The American Stratification System] (Russell Sage Foundation, 2007), 1.

[12] Martin Luther King, Jr. *He estado en la cima de la montaña* [I've Been to the Mountaintop] 3 de abril de 1968 http://www.americanrhetoric.com/speeches/mlkivebeentothemountaintop.htm

[13] https://kinginstitute.stanford.edu/our-god-marching

[14] James Piketty, *La Capital en el siglo XXI* [Capital in the 21st Century] (Cambridge, MA: Belknap Press, 2014).

[15] Ta-Nehisi Coates, *El caso para las reparaciones* [The Case for Reparations] *Atlantic*, junio de 2014.

[16] Ian Haney López, *Dog Whistle Politics: cómo las apelaciones raciales codificadas han reinventado el racismo y arruinado la clase media* [Dog Whistle Politics: How Coded Racial Appeals Have Reinvented Racism and Wrecked the Middle Class] (New York: Oxford University Press, 2015).

[17] Lisa McGirr, *Guerreros Suburbanos: Los orígenes de la nueva derecha estadounidense* [Suburban Warriors: The Origins of the New American Right] 2da ed. (Princeton University Press, 2015).

[18] Gerald Mayer, Tendencias de Membresía Sindical en los Estados Unidos, Servicio de Investigación del Congreso, 26 de enero de 2017; Resumen de miembros sindicales, Oficina de Estadísticas Laborales, 26 de enero de 2017 (www.bls.gov/news.release/union2.nro.htm).

[19] Kenneth Vogel, *Cómo la máquina Koch compite con el Partido Republicano* [How the Koch Machine Rivals the GOP] *Politico*, 30 de diciembre de 2015. http://www.politico.com/story/2015/12/koch-brothers-network-gop-david-charles-217124

[20] Jane Mayer, *"Estado en venta: un multimillonario conservador ha tomado el control en Carolina del Norte, uno de los mejores campos de batalla de 2012"* [State for Sale: A conservative multimillionaire

has taken control in North Carolina, One of 2012's Top Battlegrounds] *New Yorker.* 10 de octubre de 2011. http://www.newyorker.com/magazine/2011/10/10/state-for-sale.

[21] Paul Hodgson, *"Los altos ejecutivos hacen más de 300 veces el trabajador promedio"* [Top CEOs Make More Than 300 Times the Average Worker] *Fortune Magazine.* 22 de junio de 2015. http://fortune.com/2015/06/22/ceo-vs-worker-pay/

[22] Piketty, La Capital en el siglo XXI, 447.

[23] Ibid., 485.

[24] Ibid., 747.

[25] Michael Powell, *Los negros en Memphis pierden décadas de ganancias económicas* [Blacks in Memphis Lose Decades of Economic Gains] *New York Times,* 30 de mayo de 2010. http://www.nytimes.com/2010/05/31/business/economy/31memphis.html?_r=0

[26] Rakesh Kochhar y Richard Fry, *"La desigualdad de la riqueza se ha ensanchado a lo largo de líneas raciales y étnicas desde el final de la gran recesión"* [Wealth Inequality Has Widened along Racial, Ethnic Lines Since the End of the Great Recession] Centro de Investigación Pew, 12 de diciembre de 2014.

[27] *Según los números: la policía estadounidense mata más en días que otros países matan en años* [By the Numbers: US police kill more in days than other countries kill in years] The Guardian, 9 de junio de 2015.

[28] Ver *Loic Wacquant, Castigando al pobre: El gobierno neoliberal de la inseguridad social* [Loic Wacquant, Punishing the Poor: The Neoliberal Government of Social Insecurity] (Durham, NC: Duke University Press, 2009).

[29] http://www.sentencingproject.org/wp-content/uploads/2016/01/Trends-in-US-Corrections.pdf

[30] *Norteamericanos con antecedentes penales, la mitad de cada diez y el proyecto de sentencia* [Americans with Criminal Records, Half in Ten and The Sentencing Project] (http://www.sentencingproject.org/wp-content/uploads/2015/11/Americans-with-Criminal-Records-Poverty-and-Opportunity-Profile.pdf).

[31] Verlyn Klinkenborg, *El Profeta* [The Prophet] *New York Review of Books,* 24 de octubre de 2013.

[32] https://www.imf.org/external/pubs/ft/survey/so/2015/NEW070215A.htm

[33] Naomi Klein, *Esto lo cambia todo* [This Changes Everything] (New York: Simon & Schuster, 2014), 25.

[34] Papa Francisco, Laudato Si': Sobre el cuidado de nuestro hogar, mayo 24 de 2015, V, 49.

[35] Laudato Si', VI, 59.

[36] Gracias a Simon Greer por este punto.

[37] Tobar, Profundo en la oscuridad, 58.

[38] Michael Walzer, *El Éxodo y la Revolución* [Exodus and Revolution] (Nueva York: Basic Books, 1986), 149.

[39] Henry David Thoreau, Walden (Seattle: Amazon Classics, 2017), 62.

[40] Fredrick Douglass, Discurso de la emancipación de las Indias Occidentales, 3 de agosto de 1857.

[41] Margaret Mead (cita usada con permiso)

[42] Ta Nehisi Coates, *entre el mundo y yo* [Between the World and Me] (Nueva York: Spiegel & Grau, 2015), 97.

[43] Citado en *Miel, Rumbo al camino de Jericó* [Honey, Going Down Jericho Road], 201.

[44] *Qué es Preparación* [What is Priming] Psychology Today (https://www.psychologytoday.com/basics/priming)

[45] Eleanor Drago-Severson, *Ayuda para el aprendizaje de maestros: Liderazgo principal para el crecimiento y desarrollo de adultos* [Helping Teachers Learn: Principal Leadership for Adult Growth and Development] (Thousand Oaks, Calif: Corwin, 2004).

[46] Yuval Noah Harari, *Sapiens: Una breve historia de la humanidad* [Sapiens: A Brief History of Humankind] (Nueva York: Harper Collins, 2011), 21.

[47] Brian D. Christens, "Consejos para construir una base amplia" [Tips on Building a Broad Base].

[48] Ziad W. Munson, *Cómo crear activistas pro vida: Cómo funciona la movilización del movimiento social* [Making of Pro-life Activists: How Social Movement Mobilization Works] (Chicago: University of Chicago Press, 2008).

[49] Marshall Ganz, "Por qué las historias importan" [Why Stories Matter], *Sojourners*, 38 (3), 16 de marzo de 2009.

[50] Marshall Ganz, http://workingnarratives.org/interview-with-marshall-ganz-on-public-narrative/

[51] Cambio y distribución de la población, 1990 a 2000, Oficina del Censo de los Estados Unidos, abril de 2001, 7.

[52] *Enfoque en Filadelfia*: un perfil del Censo 2000 [Philadelphia In Focus: A Profile from Census 2000] The Brookings Institution Center on Urban and Metropolitan Policy, 59-60.

[53] *Blight Free Philadelphia: una estrategia público-privada para crear y mejorar el valor del vecindario* [Blight Free Philadelphia: A Public-Private Strategy to Create and Enhance Neighborhood Value], Research For Democracy, Temple University, octubre de 2011, 15.

[54] La Presidencia de Clinton: Crecimiento Económico Histórico, La Casa Blanca (https://clintonwhitehouse5.archives.gov/WH/Accomplishments/eightyears-03.html)

[55] Alicia Garza, Una Herstory del Movimiento #BlackLivesMatter [A Herstory of the #BlackLivesMatter Movement] http://www.thefeministwire.com/2014/10/blacklivesmatter-2/

[56] Steve Gladen, *La diferencia de pequeños grupos de Saddleback: la filosofía central del movimiento de grupos pequeños impulsados por el propósito* [The Saddleback Small Group Difference: The core philosophy of the Purpose-Driven Small Groups movement] http://www.smallgroups.com/articles/2008/saddleback-small-group-difference.html?paging=off

[57] Gladden.

[58] Marissa D King y Heather A. Haveman. 2008. "Antiesclavitud en América: La prensa, el púlpito y el surgimiento de las sociedades antiesclavistas" [Antislavery in America: The Press, the Pulpit, and the Rise of Antislavery Societies]. *Ciencia Administrativa Trimestral*. 53, no.3.

[59] Ibídem. 495.

[60] Ibídem. 495.

[61] Ibídem. 495.

[62] Theda Skocpol, Disminución de la democracia: de la membresía a la gestión en la vida cívica estadounidense [Diminished Democracy: From Membership to Management in American Civic Life] (Norman: University of Oklahoma Press, 2003), 123-124.

[63] Theda Skocpol, "El problema de Tocqueville: Compromiso cívico en la democracia estadounidense" [The Tocqueville Problem: Civic Engagement in American Democracy], *Historia de las ciencias sociales* .21, n° 4 (1997): 455 - 479, 473.

[64] Skocpol, "El problema de Tocqueville", 476.

[65] Robert D. Putnam, *Jugar boliche solo: El colapso y el renacimiento de la comunidad estadounidense* [Bowling Alone: The Collapse and Revival of American Community].(Nueva York: Simon & Schuster, 2000). 157.

[66] Lawrence Goodwyn, *El momento populista: Una breve historia de la revuelta agraria en América* [The Populist Moment: A Short History of the Agrarian Revolt in America] (Oxford: Oxford University Press, 1981), x.

[67] Goodwyn, xix.

[68] Goodwyn, xxiv.

[69] Lencioni, Patrick. *Las Cinco Disfunciones de un Equipo: Una Fábula de Liderazgo* [The Five Dysfunctions of a Team: A Leadership Fable] (San Francisco: Jossey-Bass, 2002), 195.

[70] Ética de los padres, 1:14

[71] Lencioni, 198.

[72] Elizabeth Perle McKenna y Hahrie Han. *Innovadores: cómo los 2.2 millones de voluntarios de Obama transformaron su campaña en Estados Unidos* [Groundbreakers: How Obama's 2.2 Million Volunteers Transformed Campaigning in America]. (Nueva York: Oxford Univ. Press, 2015), 132-135

[73] Scott Mainwaring, *La Iglesia Católica y la Política en Brasil: 1964-1985* [The Catholic Church and Politics in Brazil: 1964-1985] Kellogg Institute Working Paper # 98, agosto de 1987, 7.

[74] Ibídem. 11-12.

[75] Ibídem. 3.

[76] Tina Rosenberg, para combatir la pobreza, debes pagarle a los pobres [To Beat Back Poverty, Pay the Poor] *The New York Times*, 3 de

enero de 2011 http://opinionator.blogs.nytimes.com/2011/01/03/to-beat-back-poverty-pay-the- poor /?_ r = 0

[77] Charles Payne, *Tengo la luz de la libertad* [I've Got the Light of Freedom] 158.

[78] Ibídem.

[79] Payne, 171.

[80] Jane F. McAlevey, *Sin atajos: organizándose para el poder en la nueva era dorada* [*No Shortcuts: Organizing for Power in the New Gilded Age*] (Oxford University Press, 2016)

[81] Payne, tengo la luz de la libertad, 155.

[82] Payne, tengo la luz de la libertad, 5.

[83] Payne, tengo la luz de la libertad, 106.

[84] Gracias a Steve Kest por explicar la organización que ayudó a lanzar Fight for 15.

[85] Paul Speer (solicité la cita)

[86] Meredith Rolfe, *Participación electoral: una teoría social de la participación política* [Voter Turnout: A Social Theory of Political Participation] (Cambridge: Cambridge University Press, 2014)

[87] Donald P. Green y Alan S. Gerber, 2015. *Obtén la votación: cómo aumentar la participación electoral* [Get out the vote: how to increase voter turnout] (Washington, DC: Brookings Institution Press, 2015).

[88] Carola Frediani, *"Cómo Experto en tecnología Podemos se convirtió en uno de los partidos más populares de España en 100 días"* [How Tech-Savvy Podemos Became One of Spain's Most Popular Parties in 100 Days] *Tech President*, 11 de agosto de 2014 http://techpresident.com/news/wegov/25235/how-tech-savvy-podemos-became-one-spain%E2%80%99s-most-popular-parties-100-days

[89] Skocpol, Disminución de la democracia, 24.

[90] Comunicación personal con Jesse Graham, Director Ejecutivo, Maine People's Alliance, 6 de marzo de 2017.

[91] Este marco está adaptado de los objetivos SMART del Centro de gestión.

[92] Putnam, Jugar boliche solo, 165.

[93] Putnam, Jugar boliche solo, 38-44.

[94] Putnam, Jugar boliche solo, 38.

[95] Brian D. Christens y Paul W. Speer.2011. "Influencias contextuales sobre la participación en la organización comunitaria: un estudio longitudinal multinivel" [Contextual Influences on Participation in Community Organizing: A Multilevel Longitudinal Study]. *Revista Americana de Psicología Comunitaria*. 47, no.3-4: 253-263.

[96] Andrew Martin, "Para los desempleados, existe poca ayuda en EE.UU para la ejecución hipotecaria" [For the Jobless, Little U.S. Help on Foreclosure], *New York Times*, 4 de junio de 2011, p. 1.

[97] John Gaventa, Poder e impotencia: quietud y rebelión en un valle de los Apalaches [Power and Powerlessness: Quiescence and Rebellion in an Appalachian Valley] (Chicago: University of Illinois Press, 1982), 208-209. Gaventa toma la idea de "actos límite" de Paulo Freire, Pedagogía del oprimido (Nueva York: Continuum, 2005), 99.

[98] La comunidad de Contra Costa celebra una inversión masiva en alternativas al encarcelamiento: CCC para invertir

$ 4.035 millones en empleo, vivienda y servicios (http://archive.constantcontact.com/fs188/1102195177321/archive/11 12168302605.html)

[99] Ballotpedia (https://ballotpedia.org/California_Proposition_47,_Reduced_Penalti es_for_Some_Crimes_Initiative_(2014))

[100] Jacobs, Jane. *La economía de las ciudades* [The Economy of Cities] (Nueva York: Vintage Books, 2000), 209-210.

[101] Payne, tengo la luz de la libertad, 127 (parafraseando a Robert Moses)

[102] Ganz, Marshall. *Por qué a veces David gana: Liderazgo, organización y estrategia en el movimiento de trabajadores agrícolas de California* [Why David Sometimes Wins: Leadership, Organization, and Strategy in the California Farm Worker Movement] (Nueva York: Oxford University Press, 2010), 8.

[103] Ganz, Por qué a veces David gana, 10.

[104] Este es un marco clave enseñado por Joy Cushman y el Nuevo Instituto Organizador.

[105] Piven, Frances Fox. *Autoridad desafiante: cómo la gente común cambia a Estados Unidos* [Challenging Authority: How Ordinary People Change America] (Lanham, Md: Rowman y Littlefield, 2008).

[106] Tré Goins-Phillips, ex empleado de Obama: El presidente ha estado haciendo un uso indebido de esta cita de MLK. *The Blaze*, 16 de enero de 2017. http://www.theblaze.com/news/2017/01/16/former-obama-staffer-the-president-has-been-misusing-this-mlk-quote/

[107] Goodwyn, x.

[108] Seth Godin, E*l chapuzón* [The Dip] (Nueva York: Penguin, 2007), 16.

[109] Ibram X. Kendi, *Estampado desde el principio: La historia definitiva de las ideas raciales en Estados Unidos de América* [Stamped from the Beginning: The Definitive History of Racial Ideas in America] (Nueva York: Nation Books, 2016), 585.

Made in the USA
Lexington, KY
15 February 2018